中华精神家园
古建风雅

古建古风

中国古典建筑与标志

肖东发 主编　何水明 编著

中国出版集团
现代出版社

图书在版编目（CIP）数据

古建古风：中国古典建筑与标志 / 何水明编著. —
北京：现代出版社，2014.5（2021.7重印）
ISBN 978-7-5143-2327-6

Ⅰ．①古… Ⅱ．①何… Ⅲ．①古建筑－介绍－中国
Ⅳ．①K928.71

中国版本图书馆CIP数据核字(2014)第085382号

古建古风：中国古典建筑与标志

主　　编：肖东发
作　　者：何水明
责任编辑：王敬一
出版发行：现代出版社
通信地址：北京市定安门外安华里504号
邮政编码：100011
电　　话：010-64267325　64245264（传真）
网　　址：www.1980xd.com
电子邮箱：xiandai@cnpitc.com.cn
印　　刷：三河市嵩川印刷有限公司
开　　本：710mm×1000mm　1/16
印　　张：11
版　　次：2015年4月第1版　　2021年7月第3次印刷
书　　号：ISBN 978-7-5143-2327-6
定　　价：40.00元

　　党的十八大报告指出："文化是民族的血脉，是人民的精神家园。全面建成小康社会，实现中华民族伟大复兴，必须推动社会主义文化大发展大繁荣，兴起社会主义文化建设新高潮，提高国家文化软实力，发挥文化引领风尚、教育人民、服务社会、推动发展的作用。"

　　我国经过改革开放的历程，推进了民族振兴、国家富强、人民幸福的中国梦，推进了伟大复兴的历史进程。文化是立国之根，实现中国梦也是我国文化实现伟大复兴的过程，并最终体现为文化的发展繁荣。习近平指出，博大精深的中国优秀传统文化是我们在世界文化激荡中站稳脚跟的根基。中华文化源远流长，积淀着中华民族最深层的精神追求，代表着中华民族独特的精神标识，为中华民族生生不息、发展壮大提供了丰厚滋养。我们要认识中华文化的独特创造、价值理念、鲜明特色，增强文化自信和价值自信。

　　如今，我们正处在改革开放攻坚和经济发展的转型时期，面对世界各国形形色色的文化现象，面对各种眼花缭乱的现代传媒，我们要坚持文化自信，古为今用、洋为中用、推陈出新，有鉴别地加以对待，有扬弃地予以继承，传承和升华中华优秀传统文化，发展中国特色社会主义文化，增强国家文化软实力。

　　浩浩历史长河，熊熊文明薪火，中华文化源远流长，滚滚黄河、滔滔长江，是最直接的源头，这两大文化浪涛经过千百年冲刷洗礼和不断交流、融合以及沉淀，最终形成了求同存异、兼收并蓄的辉煌灿烂的中华文明，也是世界上唯一绵延不绝而从没中断的古老文化，并始终充满了生机与活力。

　　中华文化曾是东方文化摇篮，也是推动世界文明不断前行的动力之一。早在500年前，中华文化的四大发明催生了欧洲文艺复兴运动和地理大发现。中国四大发明先后传到西方，对于促进西方工业社会的形成和发展，曾起到了重要作用。

　　中华文化的力量，已经深深熔铸到我们的生命力、创造力和凝聚力中，是我们民族的基因。中华民族的精神，也已深深植根于绵延数千年的优秀文化传统之中，是我们的精神家园。

　　总之，中华文化博大精深，是中国各族人民五千年来创造、传承下来的物质文明和精神文明的总和，其内容包罗万象，浩若星汉，具有很强的文化纵深，蕴含丰富宝藏。我们要实现中华文化伟大复兴，首先要站在传统文化前沿，薪火相传，一脉相承，弘扬和发展五千年来优秀的、光明的、先进的、科学的、文明的和自豪的文化现象，融合古今中外一切文化精华，构建具有中国特色的现代民族文化，向世界和未来展示中华民族的文化力量、文化价值、文化形态与文化风采。

　　为此，在有关专家指导下，我们收集整理了大量古今资料和最新研究成果，特别编撰了本套大型书系。主要包括独具特色的语言文字、浩如烟海的文化典籍、名扬世界的科技工艺、异彩纷呈的文学艺术、充满智慧的中国哲学、完备而深刻的伦理道德、古风古韵的建筑遗存、深具内涵的自然名胜、悠久传承的历史文明，还有各具特色又相互交融的地域文化和民族文化等，充分显示了中华民族的厚重文化底蕴和强大民族凝聚力，具有极强的系统性、广博性和规模性。

　　本套书系的特点是全景展现，纵横捭阖，内容采取讲故事的方式进行叙述，语言通俗，明白晓畅，图文并茂，形象直观，古风古韵，格调高雅，具有很强的可读性、欣赏性、知识性和延伸性，能够让广大读者全面接触和感受中国文化的丰富内涵，增强中华儿女民族自尊心和文化自豪感，并能很好继承和弘扬中国文化，创造未来中国特色的先进民族文化。

2014年4月18日

擎天之柱——古代华表

荣誉象征——古代牌坊

古建眼睛——古代匾额

石刻古籍——古代碑石

华表是我国古时宫殿、宗庙、亭榭、坟墓等建筑前面的一种柱形标志，原为木制高柱，其顶端用横木交叉成十字，似花朵状，起特殊标志作用，因此称为"华表"。

华表是我国一种传统建筑形式，相传华表既有道路标志作用，又有为过路行人留言的作用。

华表在我国由来已久，其精致壮观外形以及深刻寓意，是我们祖先一代代心血和才智凝成的结晶，是我国传统文化的标志符号之一。

擎天之柱

古代华表

帝尧为博采众谏缔造诽谤木

那还是在原始社会时期，大地上没有道路，原始人出去狩猎或采摘，往往找不到回"家"的路。于是，部落首领帝尧就派人在大家活动的地方立了一些带指示的小树杈，小树杈一边指着回"家"的地方，一边指着狩猎或采摘的地方。这样，小树杈就成了识别道路的标志。

帝尧塑像

随着人们活动范围的扩大，也有人在地上立个小木棒，并在小木棒上面绑着一个横杠，横杠一边指着"家"，一边指着活动的地方。

可是地上立的小树杈或小木棒多了，人们又搞不清楚哪个是指的自己的"家"了。于

■ 帝尧 姓伊祁，名放勋，史称唐尧。他15岁时在唐县封山下受封为唐侯。20岁时，其兄帝挚为形势所迫让位于他，成为我国原始社会末期的部落联盟长。他品质和才智均非凡绝伦，他即位后，使得部落局面大变，天下安宁，政治清明，世风祥和。

是，有人就在上面划个记号，用以提醒自己。

帝尧看到小树杈和小木棒上各种各样的记号，觉得这样能够表达每个人的意思，于是他让人们在上面写上对部落的意见或自己的要求。一时间，人们提出了很多意见，帝尧非常虚心听取并采纳，极大地促进了部落的安定和发展。

后来，人们就把这种具有指示和表达意见的小树杈或小木棒叫作"桓木"或"表木"，因为古代的"桓"与"华"音相近，所以慢慢便读成了"华表"。这华表当时也被称为"诽谤木"，当时"诽谤"一词不是贬义诋毁的意思，而是议论是非的意思，就是人们可以随便利用"诽谤木"发表议论和看法等。

帝尧为什么要求人们用"桓木"来向他表达意见呢？据说，他是吸取了他的前任挚帝的教训。据史料介绍，尧的帝位是从挚帝手中接过的。尧的兄弟中挚是老大，所以尧的父亲帝喾去世后，挚就顺理成章地登上了帝位。

但是，这位帝挚非常残暴，他一登上王位就任用了三苗、狐功等几位大臣。三苗等大臣提出的执政理念是人民必须服从大王，否则就是不忠。

擎天之柱

古代华表

004

古建古风

中国古典建筑与标志

■ 大舜铜像

这种理念引起了人们的不满，所以，挚没有当几年的帝王，人们便拥护唐侯当上了帝王。

这位唐侯便是后来的帝尧。当了大王的尧认真总结了兄长挚执政失败的教训，他决心治理好天下。

他认为，一个人的知识有限，见闻有限，他想让天下广众和身边朝臣，知无不言、言无不尽地来议论国事。但刚刚经历了挚的禁锢，敢开口执言的却寥寥无几。

为了改变这种状况，据有关典籍记载，尧便在他议事的大厅前：

置敢谏之鼓，使天下得尽其言；立诽谤之木，使天下得攻其过。

并广而告之，要大家都对天下大事评头论足，即便是说错了，也赦免无罪。为此，在尧当上大王后不久，就在他办事的宫门前，便树立起了一根很大的木柱，木柱上还安了一个横杠，横杠就指着帝尧办事的宫殿，意思就是向尧提意见。

尧宣布谁有意见不仅可以到处插立的诽谤木上写出来，还可以站在他宫门前的大木柱下发表演说，或者直接把意见刻写在大木柱上，哪怕是说错或者写错，也没事。敢谏之鼓也一样，就是安放一面大鼓，要提意见的人便击鼓告知。

据说，后世衙门前的升堂鼓就是这么演变来的。而这里的这根木柱，便是诽谤木。这块木头最初的形状是以横木交柱头，样子像桔槔。

舜帝塑像

桔槔是古代吸水的工具，是一根长杆，头上绑着一个盛水的水桶，所以华表最初的形式就是头上有一块横木或者其他装饰的一根木柱。

关于诽谤木后来成为华表的事，在后来晋朝太傅崔豹的《古今注》中这样记载：

程雅问曰："尧设诽谤之木，何也？"

答曰："今之华表木也。以横木交柱头，状若花也。形似桔槔，大路交衢悉施焉。或谓之表木，以表王者纳谏也。亦以表识衢路也。"

再说，自从帝尧使用了诽谤木以后，大家渐渐便知道了帝尧的贤明，敢于大胆说话和谏议国事。尧广泛听取采纳众人意见，不断改进治理的方法。

其实，诽谤木的设立更是原始民主制的体现。据说，尧的作风很民主。在一次会上议事，帝尧提出："谁可以带领平民治水？"

众臣说："鲧可以。"

大禹治水壁画

古建古风

中国古典建筑与标志

　　帝尧觉得鲧高傲自大，听不进别人的意见，不可重用，然而四岳坚持让试用。四岳是德高望重的首领，帝尧虽然有不同看法，却尊重四岳的意见，让鲧领命治水。后来的事实证明，鲧没能制服洪水，辜负了大家的厚望，结果，洪水更加凶猛了。

　　到了晚年，帝尧感到精力不济，就让大家推荐个继承人，四岳推荐了舜。

　　帝尧问：“这人怎么样？”

　　四岳回答：“舜的父亲心术不正，后母说话不诚，弟弟加害于他，他仍能同他们和谐相处，治理国家不会错吧！”

　　帝尧并没有因为四岳举荐错了鲧，不再信任他们。而是一如既往，虚心听取他们的意见，并启用了虞舜作为自己的接班人。后来，虞舜终于不负所望，成为继尧以后的又一位贤明的帝王。

　　如此看来，竖诽谤之木也好，设敢谏之鼓也好，其实只是一种标志，关键在于帝尧心目中有一把民主治世的标尺，而最早的诽谤木，便是这种民主标志的事物体现，也是提醒古代帝王勤政为民的标志。

由于帝尧作风民主，大众畅所欲言，才治理得国泰民安和天下太平。为此，尧统治期间，成为后世子孙向往的好年头，被后人称为"尧天舜日"。

后来，禹因为治水有功，舜便将帝位禅让给了禹。禹当上帝王后，更加重视民意，大力鼓励人们利用诽谤木向他提意见。为此，他还在原来宫殿前的诽谤木旁边增加了两根，这样他的宫殿前就有三根诽谤木。三表示多的意见，三根诽谤木都指向禹办公的宫殿，就是让更多的人向他提更多的意见。

禹虚心听取并采纳人们的广泛意见，因此把整个社会治理得更加美好。禹逝世后，人们为了纪念他，就在他的陵墓前竖立了三根华表柱，三根华表柱都指向禹的墓头，意思是禹非常重视人们的意见啊！

阅读链接

尽管我国早期的华表被认为是用于尧、舜为了纳谏，而设立的木柱，但也有一些不同的说法：

一种说法认为，华表起源于远古时代部落的图腾标志。华表顶端有一坐兽，似犬非犬，它叫作"犼"，民间传说这种怪兽性好望。远古时的人们都将本民族崇拜的图腾标志雕刻其上，对它顶礼膜拜。历史进入封建社会，图腾标志渐渐在人们心中淡薄，华表上雕饰的动物也变成了人们喜爱的吉祥物。

另一种说法认为，华表是由一种古代的乐器演变而来。这种乐器名为"木铎"，是一种中间细腰，腰上插有手柄的体鸣乐器，先秦时，一代天子征求百姓意见的官员们，奔走于全国各地，敲击木铎以引起人们注意。后来，天子不再派人出去征求意见，而是等人找上门来，将这种大型的木铎矗立于王宫之前，经过演变，就成了华表。

东汉时成为传统装饰石柱

汉代承露台

据古代资料显示，尧舜禹时期的诽谤木是木制的，这种木制柱头立在露天，经不住常年的风吹雨淋，很容易损坏。于是至汉代时，木柱逐渐被石头柱子所代替，但是它的形状还是维持着木柱子的式样，细长的柱身，柱头上有一块横板，这就成了华表最早的、也是最基本的形式。

与此同时，汉代以后，华表本身的造型也日臻精美。例如，顶端加了云板、承露盘、犼，柱身加上蟠龙等纹饰。

其中，华表上的"承露盘"纹饰据说和汉武帝有关。

汉武帝在世时，曾命人在汉朝宫殿的神明台上立一铜铸的仙人，双手举过头顶，托着一个铜盘，承接天上的甘露，以为人喝了甘露便可长生不老。

这自然是无稽之谈，但后来这种形式却流传下来，并且取消了仙人，简化为柱子上面放一只圆盘，便是华表上后来形成的"承露盘"。

由于华表上的纹饰越来越多，它的形象越来越美，它的应用范围也越来越广，后来，人们在宫殿、桥梁、陵墓、城垣的前面都矗立上了这种建筑。

又因为这种建筑，上面有一个"承露盘"的装饰，柱头上又还有一块横板，远远看上去就像一束花朵一样，为此，人们称它为"华表"。

又由于它后来被广泛使用于宫殿、桥梁、陵墓等地，为此，人们又称它为神道柱，擎天柱、万云柱、石望柱、表、标、碣等。

在我国后来保存最完整的一套神道柱为"秦君神道柱"，此石柱出土于石景山区永定河故道，共有两

■ 汉代华表铜人承露台

蟠龙 是指我国民间传说中蛰伏在地而未升天之龙，龙的形状作盘曲环绕。在我国古代建筑中，一般把盘绕在柱上的龙和装饰在梁上、天花板上的龙均习惯地称为蟠龙。传说中，蟠龙是东海龙王的第十五个儿子，他时常偷跑到人间游玩，当他看见人间遭遇干旱，他便使用法术帮助人们，从而得到人们的敬仰。

件，建造于105年。

秦君神道石柱柱顶佚失，柱身及柱础完整。两件规格相同，通高2.25米，四方形柱额长0.48米，宽0.43米。柱身雕通长直线竖纹，柱上部雕两只螭虎盘于柱侧承托柱额。

额上为汉隶竖刻三行，第一行和第三行每行四个字，第二行三个字，内容相同，为"汉故幽州书佐秦君神道"。

根据秦君神道柱可以看出，汉代的神道柱有3部分：一是下部基座，即柱础；二是中部柱身，柱身上部有长方形石额刻字，额下有的饰以浮雕；三是柱顶部圆形上盖，盖上往往立有雕刻成动物或人物形状的墓镇。

除了汉代保留下来的秦君神道柱，在唐高祖李渊献陵和高宗李治乾陵前，也有几对雕刻工艺精巧，造型美观的华表柱。

其中，献陵的华表位于内城南门外100米处，整个石刻品类极简，但雕刻艺术价值很高，浑厚质朴，造型刚毅，健壮粗犷，豁达昂扬。

如华表座上浮雕的龙纹和顶上圆雕的狻猊，用

献陵 为唐高祖李渊的陵寝。635年农历十月修成，李渊之子唐太宗李世民依东汉光武帝原陵之规格修筑献陵。该陵坐北朝南，封土为陵，呈覆斗形，平面呈长方形，陵园为夯筑城垣，四面各辟一门，门外各置石虎一对。陵墓陪葬区位于陵园东北，现存有封土67座。

■ 唐太祖献陵前的华表

笔十分简洁，赋形又极为生动。圆雕的狻猊，形体高大，用写实的手法镌刻出猛兽的形象，粗壮的躯体，简练的线条，追求逼真而不注重外表的装饰，既刻画出兽性，又不致使人望而生畏，且能逗人喜爱，这是唐陵石雕艺术的代表和精品。

同时，华表基座细节部分虽然残破，但依然看得出当年的精美华丽。

乾陵内最为著名的华表位于陵墓前东西两乳峰之间，下临一色富平墨玉石铺就的石阶路，华表后面是百余件巨型石雕群，华表骤然挺立于前，标志着乾陵司马道从这里起步。

这对华表高8米，直径1.12米，由双层方形基座、覆盖莲柱座、八菱形柱身，昂喷莲顶座及圆石五部分组成，柱身上下交接处雕有莲瓣，中间刻有蔓草，石榴花纹，柱顶桃形。

柱身各面采用石刻画中的减底笔法，刻着象征吉祥的海石榴纹，其余三面，因风雨侵蚀，上面的花纹已无法辨认。

据说，柱座和柱顶之所以要雕刻成莲瓣形，是因为唐代是以佛教为国教，而在佛教中莲是佛门善的象征，又因莲与怜谐音，所以在佛教信徒中，莲象征着

■ 唐乾陵前的华表

011

擎天之柱

古代华表

司马道 又称"神道"，是陵前修建的道路，与墓道不同，谓神行之道。主要是秦汉以后，墓主建造陵园之后引导接近陵冢的道路。墓道是指修建墓葬时便于行人上下和随葬品出入而修的道路，多为斜坡状或台阶状。在墓葬封土以后，墓道也随之掩埋。故墓道只能存在于封土之下，无法看见。

佛以慈悲为怀，肩负普度众生的宏任。

华表顶端的球形圆石，是天降甘露的象征。这块圆石，从造型上来看也恰似一颗硕大的盈盈露珠，被一朵莲花高高托起，它既是源于远古，用来指示陵墓位置的显著标志物，又是具有一定象征意义的陵墓装饰物。

这两根华表性体之高，居所有石雕之首，各用一块天衣无缝的巨石雕琢而成，浑然一体，给陵园平添了几许庄严肃穆的神圣气氛。

在乾陵，除了司马道前面的这两根外，其陪葬墓三王、两太子、四公主墓前也分别有两根华表，而八朝臣墓前则未见设立，这说明，乾陵华表除了以上两种意义外，还有表明墓主人身份的作用。

另一方面，从古籍中，我们还知道，在汉代时，人们还在邮亭的地方竖立华表，让送信的人不致迷失方向。

这样一来，从汉代起，华表由早期的诽谤木逐渐发展成为桥头和墓地等设置的小型装饰建筑品，它一方面仍有标志的作用，但更主要的是演变成了一种"华饰屋之外表"的装饰物了。

古建古风

中国古典建筑与标志

阅读链接

我国的华表从汉代时起，便成为了建筑群中的一种装饰品，在它由诽谤木演变成装饰石柱的过程中，还曾经发生过一件事。

那就是，在秦始皇时代，为加强专制统治，秦始皇废除了诽谤木，直至汉代才又恢复了这一建筑，称作"桓表"。但是，由于封建帝王不爱听批评，不准人民提意见，因此桓表逐渐成为街心路口的路标，后来又变成一种石雕艺术，作为建筑物的装饰品。

明永乐年间建成天安门华表

1417年，明朝的第三位皇帝朱棣命人在北京修建了著名的紫禁城。在修建紫禁城期间，明朝皇帝还命人在紫禁城的正门承天门的前后各修建了一对巨大壮观的华表。

这里的承天门便是后来著名的天安门。其中，天安门前的华表柱身上雕刻着盘龙，柱头上立着瑞兽，它们和天安门前的石狮子以及两侧的金水桥一起烘托着这座皇城的威严气势。

这两个华表间距为96米，每根华表通高为9.57米，其直径为0.98米，重约20000多千克。华表以巨大高耸的圆柱为主体，通身塑有缠柱云龙，柱上顶部横插着一块云形

天安门广场华表

的长片石，远远地望去，好像柱身直插云间，给人一种庄严的感觉。天安门的华表分为三个部分：基座、柱身和柱头。

华表的基座称为须弥座，这是借鉴了佛教造像的基座形式，而且在基座外添加了一圈石栏杆，栏杆的四角石柱上各有一只小石狮，头的朝向与上面的神兽相同。栏杆不但对华表起到保护作用，还将华表烘托得更加高耸和庄严。

华表的柱身呈八角形，一条巨龙盘旋而上，龙身布满云纹，汉白玉的石柱在蓝天白云的衬托下真有巨龙凌空飞腾的气势。柱身上方横插一块云板，上面雕满祥云。

华表的柱头顶部是一个承露盘，盘上雕刻有一个蹲着的神兽，栩栩如生，人们称这神兽名为"犼"。

■ 天安门广场华表

犼，只是个传说神兽，我国古书上说它是一种似狗而吃人的北方野兽，俗称为"望天犼""朝天犼"。还有传说它是龙王的儿子，有守望习惯。

天安门华表柱顶上的朝天犼对天咆哮，被视为上传天意，下达民情。又有文献记载，地藏王菩萨的坐骑即为朝天犼。

天安门前那对华表上的石犼，面向南，望着皇宫外。在古老的传说中，人们把天安门前华

表上蹲着的两个石犼叫作"望君归"。据说，它们经常注视着皇帝外出时候的行为，盼望皇帝早日回宫，不要老在外面寻欢作乐。

当皇帝外出游玩久久不归的时候，"望君归"就说话了："国君呀，你不要老在外面游逛了，你快回来处理国家大事吧！我们两个犼盼你回来，把眼睛都快望穿了。"

在天安门的里边还有两座同样的华表，顶端也蹲立着石犼。不过，天安门外华表上的石犼面向南，而天安门里边的石犼面向北，朝着宫殿的方向。

据民间传说讲，这两只犼经常注视着深居宫禁的帝王的行动，并劝诫帝王说："君主啊，你不要老是待在宫殿里，只顾和后妃取乐。你也该经常出来到民间走一走，了解一下民情。我们两个犼天天盼你出来，把眼睛都快望穿了！"

所以，人们又把这两只石犼叫"望君出"。由于"望君归"和"望君出"蹲在华表顶上，所以天安门的华表又叫作"望柱"。

其实，华表上的犼，只是一个高高在上的石头，唯一的功能是"望"。住在皇宫内的皇帝们根本不理会它的职能，从入住紫禁城的第一位皇帝朱棣到最后的皇帝溥仪，没一个人听它的。

因此，这些广泛流传在民间的"望君归"和"望君出"的故事，既表现了人民对自己双手建筑起来的美丽华表的深厚感情，也表达着人民企盼明君的朴素愿望，以及对于昏君治国的不满。

另外，制作天安门石狮子、华表、金水桥栏杆的汉白玉，实际上是大理石的一种。这是一种著名的石雕材料，产于北京房山县。

纯洁雪白者居多，方解石结晶较好，磨光后晶莹似玉，质地细致均匀，透光性好。我国古代的石雕，如隋、唐的大型佛像，都喜欢用汉白玉制作。

据说，当年修建天安门时，为了运输这些白玉石，在修好的运输道路上浇水成冰，形成冰道，是万人拖着大石块在冰上滑运来到北京的，非常不容易。

当年，这两对华表修成后，与巍巍壮丽、金碧辉煌的故宫建筑群浑然一体，使人感到一种艺术上的和谐，又体会到历史的庄重和威严。

为此，可以说，天安门华表当推为我国所有的华表之冠，它实际上已经和中华民族，和我国古老的文化紧密相连，从某种角度上也可以说是中华民族的一种标志。

古建古风

中国古典建筑与标志

阅读链接

据说，今天天安门前那对华表所矗立的地点，并非明清时期的位置。当时，它们的位置比现在更为靠前。

1950年，天安门广场需要扩展，因此要将这对巨大的华表向后移动6米。可这对华表重达20000多千克，而且在搬动时又不能使它的精美的雕刻受到损伤。于是，如何移动这对华表便成为了一个大难题。

建筑部门在清宫档案材料里发现了15岁就进入了内务府营造司房库、其祖上五代都为宫廷建筑搭架子、曾经给皇宫安上过高大的梁枋的搭材匠徐荣。

此时，徐荣已经有64岁了。他靠着搭材匠、石匠、木匠等人灵巧的手，只是使用简单的杉篙杆子、麻绳和吊链，就将偌大的两个华表换了地方，而且式样和原先不差分毫，安装得十分合榫，并最终形成了后来的天安门前华表格局。

华表的这一次完整移动，堪称是一个奇迹。

我国其他地区的著名华表

我国古代的华表是用来上达民意，有监督作用，皆为木制，而使用石柱做华表，则盛行于东汉时期。后来，华表的监督作用消失了，只是竖立在宫殿、桥梁、陵墓、城门等前的大柱，作为纪功、装饰、标志等作用，成为我国传统建筑的一种装饰品。

为此，当华表成为一种装饰建筑以后，历代的帝王都喜欢在自己的宫殿或者陵墓等处修建起这一特殊建筑。

北京大学的华表

清东陵孝陵华表

在我国，除了在唐高祖李渊献陵和高宗李治乾陵前，以及在天安门前有华表，在明代十三陵、清代东陵、清昭陵、清西陵以及卢沟桥和北大等处也可以见到华表。

明代十三陵位于北京市昌平县天寿山南麓，是明朝13个皇帝的陵墓群。在这里，共有两对汉白玉雕成的华表，位于长陵神功圣德碑亭的四角处。四根华表对称而设，每根华表通高为10.81米，其顶部各有异兽一尊，面南者称望君出，面北者称望君归。每座华表上共刻有41条龙。

清东陵也称"福陵"，位于辽宁省沈阳东郊的东陵公园内，是清太祖努尔哈赤和孝慈高皇后叶赫那拉氏的陵墓，因地处沈阳东郊，故又称"东陵"。

清代东陵是我国聚集华表最多的地方，共有12根。

其中两对位于亭外广场的四角，这是四根白色大理石雕刻的华表。每根华表由须弥座、柱身、云板、承露盘和蹲龙组成。

柱身上雕刻着一条腾云驾雾的蛟龙，屈曲盘旋，奋力升腾，寓动于静，栩栩如生。八角须弥底座和栏杆上亦雕满了精美的行龙、升龙和正龙，一组华表上所雕的龙竟达98条之多。

另外一对华表位于东陵大红门前，底座是三层莲花座，长、宽各0.92米，高1米，柱体为八角形，围长0.55米，通体浮雕云纹及龙蟠柱、顶部横插有云板，东端华表刻有"日"字，西端刻有"月"字。

顶部是"天盘"，上有坐犼一只，样子似大非大，身有麟甲，长尾与鬃发相连，浑身瘦骨嶙峋，作昂首跷尾引颈高鸣状。

古人说：犼"似犬，食人"。由于此兽猛烈异常，所以刻在石柱上要它守陵，其朝向有的面北，有的面南，相传设置宫殿前的犼，面北者谓"望君出"，面南者谓"望君归"。

在这里前者也许是劝慰皇帝，在祭祀时不要沉湎于哀伤之中，后者则是劝告皇帝前来祭奠祖宗山陵。

在清东陵石兽群的前后部位，也分别有两对华表。这两对华表样式较为古朴，座为方形，须弥座，束腰是八角形，分为上下两层，上面雕刻有吉祥图案，上层图案有如意、猴、鹤、松、神鸟、山石、祥云、月、牡丹、狮、灵芝。

下层图案有口衔灵芝的仙鹿、松、猴、蜂、官

行龙、升龙和正龙 指龙的各种状态，其中，行龙指的是作奔走状态的龙，正龙指的是盘着的龙，升龙指龙头部在上方，呈升起的动势。龙头往左上方飞升，称"左侧升龙"，龙头往右上方飞升，称"右侧升龙"。升龙又有缓急之分，升起较缓的称"缓升龙"，升起较急者，称"急升龙"。

019

擎天之柱

古代华表

■ 白云观华表

印、麒麟、犀牛、月、鱼龙、狮、天马、虎、寓意"松鹤延年""封侯挂印""太师少师""吉祥富贵"等。在各个角之间用竹节式纹饰为间隔。柱体为八角形，上面浮雕为祥云和蟠龙。

据说，清东陵内的这些华表建造于1650年，据《清奇世祖实录》记载：

顺治七年四月己酉：在福陵立"擎天柱四，望柱二"。

关外三陵 是指清太祖努尔哈赤的福陵、清太宗皇太极的昭陵；在满洲老家赫图阿拉，满语意为"横岗"，还建有埋葬清朝远祖肇、兴、景、显四祖的永陵。三陵的陵墓形制都仿照明陵，程式化特点明显，并影响了入关后清朝各陵的修建。

■ 清西陵的华表

清昭陵是清朝第二代开国君主太宗皇太极以及孝端文皇后博尔济吉特氏的陵墓，位于辽宁省沈阳市古城北约5000米处，因此也称"北陵"，是清初"关外三陵"中规模最大、气势最宏伟的一座。

清昭陵的华表柱共有三对，一对在昭陵大红门外，距下马碑不远的地方；一对在石象生之前；再一对在神功圣德碑碑亭之前。

三对华表样式有相同之处，也有不同之处。它们的底座都是六角形须弥座，须弥座的上下枋及束腰部位刻有云龙、仰俯莲等纹饰。

柱体有的是六角形，有的是圆柱形，但上面的浮雕一样，都是云龙幡柱纹。雕刻形象生动的巨龙，仿佛在浓密的云水间盘旋升腾；云板横插在接近柱体的顶端，是一块长三角形石板，云板上刻有密集的云纹，有的云板还刻有"日"及"月"两字。在柱体顶部有一圆盘叫"天盘"，天盘之上为柱顶。

清西陵内的华表柱共有两对，位于西陵正方形广场的四角。四座华表同样也是白玉石雕，石柱拔地而起，直刺青天；石柱周身浮雕着朵朵云团，一条巨龙于云朵之间盘绕柱身扶摇而上；柱身底部雕有海浪巨岩，顶部龙首处东西向横插着镂雕的如意云板；云板上端为莲纹柱顶，圆形顶盖上蹲踞着一尊昂首翘尾、引颈嘶鸣、似犬非犬、遍体甲麟、极具力度和美感的珍奇怪兽望天犼。

在每个华表的八角莲花须弥座四周，还有一个精致的汉白玉护栏，将华表柱保护起来。

除了这些皇帝陵内的华表，在我国的卢沟桥两头也有华表四座。四座均高4.65米，石柱上端横贯着云板，柱顶有莲座圆盘，圆盘上雕有石狮子，庄严秀美，气势非凡。

在我国众多的华表中，北京大学的一对华表也非常著名。

这对华表在北大校园办公楼前，它们均由汉白玉雕成，通高约8米，下方的八方形、须弥座高为1.24米。华表柱身刻有云彩和姿态各异

清西陵华表

的蟠龙，是凝结了我国雕刻艺术、极具美学价值的精品。

这两座华表来自何处呢？说起来这其中还有一段典故。原来这两座华表是圆明园安佑宫中的遗物之一，当年被安放在安佑宫琉璃坊前。在清末民初崇彝的《道咸以来朝野杂记》中有记载：

> 鸿慈永祜，在月地云居之后，循山径入，其中为安佑宫，乾隆七年建，其前琉璃坊三座，左右华表刻云气，甚精巧，民国十四年犹及见之。闻人言：今已为燕京大学所取。

根据这段记载推测，这两座华表应当建于1742年。至于如何从圆明园移到北大校园，据当年的《燕京大学校刊》记载，这是燕京大学建校初期移至此处的。这对华表历经百年沧桑，给古老而又年轻的北大校园增添了几分典雅与庄重。

阅读链接

据说，在北大校园内的这对华表，是一粗一细，并非是标准的一对。这是为什么呢？

原来，在1925年燕京大学建校舍时，只从圆明园运来了三根，第四根却被运到北京城里。1931年，第四根华表曾横卧在天安门前道南。

后来，当北京图书馆建文津街新馆时，人们想要将燕大多余的一根华表搬走与天安门前道南的另一根合成一对，并一起移到北京图书馆前。不料，在搬运时阴错阳差，结果燕大和北图的华表皆不成对，成就了这一桩趣事。

再后来，人们把燕大内剩下的这对华表，一齐移到了办公楼前面，形成了现在人们看到的样子。而另外的两根华表，则一根放在了北海公园，一根放在了中山公园。

古代牌坊

　　牌坊，是封建社会为表彰功勋、科第、德政以及忠孝节义所立的建筑物。也有一些宫观寺庙以牌坊作为山门的，还有的是用来标明地名的。又名牌楼，为门洞式纪念性建筑物，宣扬封建礼教，标榜功德。

　　牌坊也是祠堂附属建筑物，昭示家族先人高尚美德和丰功伟绩，兼有祭祖的功能。

　　牌坊从产生，到形制成熟，到种类众多，繁荣兴盛，由结构简单到结构繁复，由形制单一到形制多样，经历了一个漫长的演变发展过程。

由衡门演变而来的古老建筑

三坊七巷

　　牌坊，是我国封建社会为表彰功勋、科第、德政以及忠孝节义所立的建筑物。也有一些宫观寺庙以牌坊作为山门的，还有的是用来标明地名的。老百姓俗称它为"牌楼"。

　　其历史源远流长，关于它的来历，有两种说法：

　　一种说它是由棂星门衍变而来，开始用于祭天、祀孔。棂星原称灵星，灵星即天田星，为祈求丰年，汉高祖规定祭天先祭灵星。宋代

■ 大禹陵石牌坊

则用祭天的礼仪来尊重孔子，后来又改灵星为棂星。

　　另一种说法则认为它是由衡门衍变而来的，在我国春秋时代的作品《诗经》中，便有相关介绍：

衡门之下，可以栖迟。

　　《诗经》大抵是周初至春秋中叶的作品，由此可以推断，"衡门"在我国的春秋中叶便已经出现了。

　　据说，最早的衡门是以两根柱子架一根横梁的结构存在的，因为它的形状更接近于后来的牌坊样子，人们便称衡门为牌坊的老祖宗了。

　　那么，"牌坊"的名称又是怎样产生的呢？

　　据说，这和我国古代的"里坊制度"有关。在唐代，我国城市采用里坊制，城内被纵横交错的棋盘式道路划分成若干块方形居民区，这些居民区，唐代称

汉高祖 刘邦。汉朝开国皇帝，在位八年。谥号"高皇帝"。我国历史上杰出的政治家、战略家。公元前202年，刘邦于荥阳氾水之阳即皇帝位，定都长安，史称西汉。他在位期间规定，祭天先要祭灵星，并命人修建了灵星祠。

■ 有乌头的棂星门

上古时代 是指文字记载出现以前的历史时代。对世界各地上古时代的定义也因此不同。在我国上古时代一般指夏以前的时期。因为上古时代没有当时直接的文字记载，那个时候发生的事件或人物一般无法直接考证。

为"坊"。坊是居民居住区的基本单位，坊与坊之间有墙相隔，坊墙中央设有门，称为"坊门"。

后来，随着经济的发达和城市建设的繁荣，人们对坊门的建造也就逐渐讲究起来。于是，产生于上古时代、至隋唐时已衍化得雕工相当精致、形制赫然华贵的华表柱也被人们移植到了坊门上来，成为坊门左右两边的两根立柱。

这样一来，坊门原先颇为简单的两根立柱，被两根雕饰华丽、形制威武的华表柱所取代，由两根高过门顶的高大华表柱中间相连一两根横梁及门扇组合成一种新式样的门，这种门称为"乌头门"，以后也被称为"棂星门"。

在我国现存的古代典籍中，最早出现"乌头门"之名的是北魏杨街之的《洛阳伽蓝记》，当时著名的庙宇永宁寺的北门即是"乌头门"。

至宋代时，古籍《册府元龟》中，更是有对"乌头门"的明确记载，书中说道：

> 正门阀阅一丈二尺，二柱相去一丈，柱
> 端安瓦简、墨染、号乌头染。

同时，宋代李诫的《营造法式》中，还有对如何建造"乌头门"作了详细规定和介绍，书中写道：

> 其名有三，一日乌头大门，二日表揭，
> 三日阀阅，今呼为棂星门。
>
> 造乌头门之制，高八尺至二丈，广与
> 高方，若高一丈五尺以上，减广不过五分之
> 一，用双腰串，每扇各随其长于上腰，中
> 心分作两分，腰上安子裎棂子，腰华以下并
> 安障水版……
>
> 挟门柱方八分，其长每门高一尺则加八

027

荣誉象征

古代牌坊

■ 玉溪文庙棂星门

文庙 是纪念和祭祀我国伟大思想家、教育家孔子的祠庙建筑，在历代王朝的更迭中又被称作文庙、夫子庙、至圣庙、先师庙、先圣庙、文宣王庙，这些名字中尤以文庙更为普遍。在我国古代建筑类型中，文庙堪称是最为突出的一种，是我国古代文化遗产中极其重要的组成部分。

■ 哈尔滨文庙棂星门

寸，柱下栽入地内上施乌头。日月版长四寸广一寸二分厚一分五厘。

从这些记载中，我们可以清楚地看到，宋代的乌头门即是华表与坊门的结合物。由于"乌头门"华贵庄重，气势威严，就被当时有地位、有权势和有钱的大户人家纷纷用作建造府第大门。

后来，由于民间建造这种门的人越来越多了，以至于官府无法分辨哪些是富商住的屋子，哪些是官员住的屋子。为此，唐宋统治者不得不对乌头门的使用作了限制，如在《宋史舆服志》中规定："六品以上许做乌头门。"

由于乌头门含有旌表门第之意，因此乌头门在宋代的《营造法式》中又被称为"阀阅"。之所以这样称，是因为"古者以积功为阀"，"经历为阅"。

由于乌头门起了标榜"名门权贵、世代官宦"之家的作用，因此成了上层等级的代名词，后世所称的"门阀贵族""阀阅世家"也即由此而来。

从古籍中，我们还知道，乌头门是唐以前通常用的称呼，但宋以后乌头门这名称便日渐少用，而被棂星门这一称呼所取代。

据史籍记载，棂星即"灵星"，又称"天田星"。北宋时，宋仁宗营建了用于祭天地的"郊台"，设置"灵星门"。因门系木制，门上有窗棂，为区别于"灵星"，故又称作"棂星门"。

如此，可以看出，棂星门其实是牌坊衍变过程中的一个阶段。同时，由于其威严、庄重、气派，得到人们的青睐和重视，因而也被作为牌坊的一个血缘分支保存延续下来。

自宋代以来，棂星门常常被用于建造文庙、佛寺、道观、陵墓等庄重场所的正门。而在这些场所建造的棂星门往往只起一个标志作用而并不需要起什么防卫作用，因此棂星门上的门扇可装可不装。于是，这些棂星门就只剩下了华表柱和作为额枋的横梁。

因华表柱远远高出额枋，所以人们就将其称为"冲天牌坊"，成为后来牌坊中的最主要的形制。

而另一些坊门，没有用高耸的华表柱来替换坊柱，而是吸纳了"阙"的形制特点，在额枋和柱顶上加盖了楼顶，从而形成了柱子不出头的屋宇式牌楼。

然而，尽管棂星门和屋宇式牌楼比原先衡门式的坊门要美观得多，但其各自都有局限。前者只有华表柱而无楼顶，后者只有楼顶而无华表柱，于是人们想出了两全齐美的办法。

一方面将坊柱换成高高的华表柱，同时又不在枋柱顶上盖楼顶，而是在华表柱一侧的额枋上盖楼顶，这样，就形成了既有华美的楼顶，又在楼顶上露有高高的华表柱的牌坊建筑。

另一方面，牌坊在形制衍变的同时，建筑材料也在不断发展变化。起初，牌坊是木构建筑，但后来为了追求庄重威严，坚实纯美和能长久保存，遂由木柱发展为石、砖、汉白玉、琉璃等。

明清代以后牌坊发展除以繁密的构架尽力表现结构自身完美之外，还以精湛的技术雕刻各式各样的图案，采用不同的色彩来表达牌

■清东陵牌坊

南京朝天宫棂星门

楼的艺术。至此，牌坊可以说发展到了鼎盛时期。

我国的牌坊，按名称和功能分，有功德牌坊、忠正牌坊、功名牌坊、官宦名门牌坊、孝子牌坊、贞节牌坊、仁义慈善牌坊、百岁寿庆牌坊、历史纪念牌坊、学宫书院牌坊、文庙武庙牌坊、衙署府第牌坊、地名牌坊、会馆商肆牌坊、陵墓祠庙牌坊、寺庙牌坊、名胜古迹牌坊等。这些牌坊主要起着褒奖教育、炫耀标榜、纪念追思、风俗展示、装饰美化、标志引导等作用。

阅读链接

据说，在我国古代，牌坊与牌楼是有显著区别的，牌坊没有"楼"的构造，即没有斗拱和屋顶，而牌楼有屋顶，它有更大的烘托气氛。

但是，由于它们都是我国古代用于表彰、纪念、装饰、标志和导向的一种建筑物，而且又多建于宫苑、寺观、陵墓、祠堂、衙署和街道路口等地方，再加上长期以来老百姓对"坊""楼"的概念不清，所以到最后两者成为一个互通的称谓了。

以宗教祭祀为主的庙宇牌坊

　　我国牌坊的类别很多，形式也多种多样，从功能上分，主要包括用于宗教祭祀的寺庙牌坊，用于表彰忠孝节义等伦理道德的节孝牌坊，用来表彰为国家地方建立功绩的功德牌坊，以及作为地方标志作

陕西西安清真大寺木牌坊

■ 西安清真大寺牌坊

用的标志牌坊等几类。其中，庙宇牌坊主要位于寺庙前或者寺庙内。

西安清真大寺位于陕西省西安市西大街鼓楼西北隅的化觉巷内。由于它与西大街大学习巷的清真寺东西遥遥相对，而且规模较大，故又被称为"东大寺"或"清真大寺"。

据寺内现存碑文记载，清真大寺创建于742年，距今已有1250余年的历史。

在这座古老的寺庙内，有一座木牌坊和一座石牌坊最为著名。

其中，木制牌坊在寺庙的第一进院内，牌坊耸立在砖雕大照壁的对面，异角飞檐，斗拱层叠，楼顶琉璃覆盖，蔚为壮观。该牌坊约建于17世纪初，距今已

照壁 也称影壁，古称萧墙，是我国传统建筑中用于遮挡视线的墙壁。旧时人们认为自己的住宅中，不断有鬼来访。如果有影壁的话，鬼看到自己的影子，会被吓走。影壁还可以烘托气氛，增加住宅气势。

有360余年。

寺庙内的石牌坊位于第二进院落的中央，为三间柱式，中楣镌刻"天监在兹"，两翼各为"虔诚省礼"和"钦翼昭事"，东西有踏道，绕以石雕栏杆。此石牌坊约建于明代。

曲阜市孔庙牌坊位于山东省曲阜市奉祀孔子的庙宇内，庙内共有门坊54座，其中有六座著名的古牌坊。在这些古牌坊中，金声玉振坊是孔庙的起点。"金声玉振"是孟子对孔子的形象比喻。

《孟子·万章下》对孔子评价：

> 孔子之谓集大成。集大成者，金声而玉振也。金声也者，试条理也；玉振之也者，终条理也。

孔子 春秋末期的思想家和教育家，儒家思想的创始人。孔子集华夏上古文化之大成，在世时已被誉为"天纵之圣""天之木铎"，是当时社会上的最博学者之一。他被后世统治者尊为孔圣人、至圣、至圣先师和万世师表，被联合国教科文组织评选为"世界十大文化名人"之首。

■ 孔庙金声玉振坊

曲阜孔庙棂星门牌坊

  这里的"金生"和"玉振"表示奏乐全过程，钟代表"金生"，磬代表"玉振"，以击钟开始，以击磬告终。以此象征孔子思想集古先贤之大成，赞颂孔子对文化的巨大贡献。因此，后人把孔庙门前的第一座石坊命名为"金声玉振"，其寓意是很深刻的。

  金声玉振坊石刻，四楹石鼓夹抱，四根八角石柱顶上饰有莲花宝座，宝座上各蹲踞一只雕刻古朴的独角怪兽"辟邪"，俗称"朝天吼"，以避除群凶，慑乱镇邪。两侧坊额浅雕云龙戏珠。

  牌坊明间坊额上刻四个红色大字"金声玉振"，笔力雄劲，是1538年著名书法家胡缵宗所书。

  在金声玉振坊后面是棂星门牌坊，它是孔庙的第一座大门。

  棂星门牌坊始建于明代，原为木结构建筑，清乾隆年间重修时改为铁梁石柱，为三楹四间。铁梁铸有12个龙头阀阅，四根圆柱中缀祥云，顶雕怒目端坐的四位天将坐像。

  额枋上雕火焰宝珠，明间额枋由上下两层石板组成，上层绦环花纹，下层刻乾隆皇帝手书"棂星门"三个大字。两旁皆有额坊一层，

■ 曲阜孔庙至圣庙牌坊

如意斗拱 斗拱是我国建筑特有的一种结构。在立柱和横梁交接处，从柱顶上加的一层层探出成弓形的承重结构叫拱，拱与拱之间垫的方形木块叫斗，合称斗拱。斗拱在木牌楼中一般都在三跳至五跳之间，如意斗拱指可有如意纹的斗拱。

次间额枋雕有精美的花纹图案。

棂星门里建两坊，南为"太和元气坊"，此坊建于1544年春，形制与金声玉振坊相同，坊额题字系山东巡抚曾铣手书，赞颂孔子思想如同天地生育万物一样。北为至圣庙坊，明额题刻篆字，坊明代时原刻"宣圣庙"三个字，1729年改为"圣庙坊"。

在太和元气和至圣庙两坊中间，也就是孔庙的第一进院落的左右两侧，有两座互相对称的木质牌坊遥遥相对，是孔庙的第一道偏门。

东题"德牟天地"，是说孔子之德与天地齐；西题"道冠古今"，是说孔子之道古今无二。这八个字赞美孔子学说在古往今来都是至善至美的，极言孔子学说对我国思想界所产生的影响是极其深远、无与伦比的。

此两坊建立于明初，具有明显的时代特色风格。

建筑为木构，三间四柱五楼，黄色琉璃瓦，如意斗拱，明间13间，稍间九间，中夹小屋顶五间。

坊下各饰有八只石雕怪兽。居中的四只天禄，披麟甩尾，颈长爪利；两旁的四个辟邪，怒目扭颈，形象怪异。

运城市解州关帝庙是进行关公祭祀活动的主要场所，在此庙内，也有众多的牌坊，其中以庙内中轴线南端东侧的"万代瞻仰"石牌坊和西侧的"威震华夏"木牌坊最为著名。

万代瞻仰石牌坊建于1637年，为四柱三门三滴水五顶式建筑。檐下施五踩重翘斗拱，正面书"万代瞻仰"，背面书"正气常存"。

牌坊造型优美，比例适度。立柱两侧抱鼓石门墩制作精致，上部雕胡人牵狮、幼狮上爬，中部抱鼓雕花卉缠绕，刀工与造型皆佳。尤其是正背两面柱头与柱间额枋浮雕堪称艺术精品。

中门额枋浮雕四层，侧门额枋浮雕三层，皆为内容丰富的纹饰。

石牌坊正面上层雕八神将骑马、跨麒麟等瑞兽追击图。中部以三孔桥相隔，众神横枪跃马，前后追击，足下尘土飞扬，神速异常。中

■运城市解州关帝庙万代瞻仰石牌坊

■ 解州关帝庙气肃千
秋木坊

上层雕十仙足踏祥云拱手相向朝拜图。

中部置香炉，左右站两将守护。上部坐者元始天尊。中下层雕"天神将征战图"，众将跨天马、骑天牛、踩葫芦、踏龟背征战追杀，周围祥云缭绕，场面宏阔。

下层雕人间三国故事图。刘备、关羽、张飞坐中，持刀、握矛随从侧立，司马侍从牵马守候，树木祥云衬伴其间。

石牌坊侧门额枋也雕三国故事题材。上层两侧皆雕关羽骑马横刀过关斩将图，中层两侧雕关羽归城图，下层两侧雕二龙戏珠图。

石牌坊背面上层雕刘备、关羽、张飞、赵云、诸葛亮等众臣将共商军务图。中上层雕"关羽辞曹挑袍图"。关羽骑马横刀挑赠袍站于桥上辞曹欲行。

中下层雕"古城会"故事，关羽跃马横刀力战蔡阳，形象生动，刀法洗练。下层雕刘、关、张跨马征战追击图，众将策马持枪驰骋战场。

石牌坊右上侧雕"屯土山"故事。曹军诱战关羽，困关羽于屯土山。曹操遣张辽劝降，两人面坐对谈，张辽彬彬施礼，关羽正气凛然，谈判降汉不降曹及归蜀寻兄等条件。

左上侧雕"关羽辞行图"。关羽跨马后望，一将下马作揖施拱手礼送行，难分难舍之情体现于精雕细刻构图之中。

右中侧雕关羽跨马力斩二将图，二将头颅被斩于马下，故事情节为"白马坡诛颜良、文丑"。

左中侧雕"三顾茅庐"图。刘备、关羽、张飞下马徐行赴卧龙岗请诸葛亮辅政。孔明坐于茅庐之中，书童引请三兄弟面见，身后三马随行，刘备求贤若渴的情景表现得淋漓尽致。

左右下侧雕麒麟、狮、虎、天马等瑞兽奔走图。

石牌坊正、背两面柱身、板心所雕的蟠龙绕柱、侍臣站立、瑞鸟互伴等，也为上乘佳作。

岳飞庙精忠坊

■ 太原晋祠对越坊

这座明代石坊，将脍炙人口的三国故事与相关神仙勇将传说融为一体，祥云瑞兽仙鸟添花点缀，动静结合，情景交融，堪称我国石雕艺术宝库中的难得珍品。

汤阴县岳飞庙位于汤阴县城内西南门里，是纪念岳飞的地方。精忠坊是岳庙的头门，坊之正中阳镂明孝宗朱祐樘赐额"宋岳忠武王庙"，两侧八字墙上用青石碣分别阳刻"忠""孝"两个大字，字高1.8米，遒劲端正，格外醒目。

山门两侧各有石狮一尊，山门檐下一排巨匾，上书"精忠报国""浩然正气""庙食千秋"。

晋祠对越牌坊简称对越坊，位于太原晋祠金人台正西，立于1576年。关于这个牌坊的来历，还有一个故事。

相传，明代书法家高应元的母亲患偏头痛，久治无效。后来在吕祖庙前得一签，签上写有"添砖加瓦"四个字，它的含义是只有在祠内增加些建筑，才能消灾免难。高应元在晋祠内仔细观察，发现殿、堂、楼、阁、亭、台、桥等应有尽有，唯独缺少牌坊，便决定建造一座牌坊。但是，牌坊建在何处为宜呢？经过他深思熟虑后，他认为在祠内的献殿东这块空地最合适。

高应元想，将来牌坊落成后，殿、台、坊组成一组规模宏大的建筑群，定会收到消灾的效果。高应元原计划建造一座简单的小牌坊，没想到在破土动工的第二天，他母亲的病就好了，因而，他又决定建成一座大牌坊。牌坊落成后，高应元为它命名为"对越"，并亲自执笔写下了匾额，此匾气势磅礴，被列为晋祠三大名匾之一。

这座"对越坊"，造型优美，结构壮丽，雕刻精细。"对越"的"对"，意为报答；"越"，即扬，意为宣扬。"对越"两字合起来，意为"报答宣扬祖先功德"，在此处意为"宣扬母德高尚"。

母德高尚在这里有双关语之意，指唐叔虞之母邑姜也行，说高应元之母亦可。

阅读链接

五台县菩萨顶牌坊位于菩萨顶寺庙山门前的平台上。此牌坊为石柱穿架式的汉白玉牌坊，四柱七檐，排间15米左右，进深6米上下，柱高近5米，斗拱五跳，顶覆黄色琉璃瓦。

前后各悬一匾，匾额上写着"五台圣境"四个字。这四个字笔力雄健，洒脱大方，均为清康熙皇帝御笔。

在匾额上，还刻有"康熙之宝"印章。因为此牌坊匾额上的字出自皇帝之手，为此，该牌坊也就成了菩萨顶的一件瑰宝。昭庙全称"宗镜大昭之庙"。

以表彰忠孝节义的节孝坊

在我国，除了众多的用于宗教祭祀的庙宇牌坊，还有许多的用于表彰忠孝节义等伦理道德的节孝牌坊，这些节孝牌坊主要建立在街道中间或者路口，有的是为家庭旌表本族先贤而建，有的则为朝廷或当

康家节孝坊

■ 节孝牌坊

地官府为旌表贤臣，在忠、孝、节、义上有成绩的人而立。

最为著名的有安徽省歙县叶氏贞节木门坊和黄氏孝烈砖门坊、歙县棠樾牌坊群、山东省单县百寿坊和百狮坊、江苏省无锡市华孝子祠四面牌坊、江苏省徐州市权谨牌坊、梅溪牌坊、江苏省响水县孝子坊、河北省衡水市蔡氏贞节牌坊、江苏省铜山县郑杨氏节孝坊和郑彭氏节孝坊等。

歙县叶氏贞节木门坊和黄氏孝烈砖门坊，在歙县斗山街内，这两座牌坊，一南一北，一木一砖，均非常简陋。

叶氏贞节木门坊在斗山街南口不远，宽约4米，高约6米，始建于1391年。此坊是双柱一间三楼，横枋以上为木制，顶覆小瓦，额题有"旌表江莱甫妻叶氏贞节之门"字样。

歙县 是我国安徽省黄山市下属的一个县，秦置歙县，至今有2200多年历史。属古徽州六县之一，徽州文化的发祥地之一，古代为徽州府治所在地，是徽州文化及国粹京剧的发源地，也是徽商的主要发源地，是文房四宝之徽墨、歙砚的主要产地。

据说，现存的牌坊为清乾隆年间重修，龙凤板上原来还有"圣旨"两字。横枋以下为砖砌，门是假门，但刻画得非常逼真。

此牌坊是主人叶氏25岁丧夫守节，尽心侍奉婆母，抚养继子。

元末兵乱时，叶氏携婆母避难山中，于极端困苦中侍奉在侧，极尽周全。数十年下来，不仅将继子抚育成人，婆母也身体康泰寿高百岁，叶氏自己也得高寿，可谓善有善终。为此，她的后人便禀明圣上，为她修建了这座节孝坊。

此外，在当地还有一种传说称，这位叶氏曾是明朝开国皇帝朱元璋的救命恩人，朱元璋当上皇帝后，便命人为叶氏建立了这座牌坊。

在歙县斗山街的北端处，是一座青砖砌就的黄氏节烈坊，此坊建于1650年。此牌坊四柱三间三楼，宽6米，高7米，当心间原辟有门，后封砌。

在牌坊的额坊处写有"旌表清故儒童吴沛妻黄氏孝烈之门"15个字。在此字上面的石质龙凤板上，原来还有"圣旨"两字，由于时间的变迁，现在已经难觅踪影。牌坊两侧还有两行题字，现在也已经看不清楚了。

关于此牌坊的来历，据县志里记载，这位黄氏是一位10多岁的姑娘，本来是要嫁给黄家后人的，结果，在成亲前，她的未婚夫却不幸死掉了，黄氏便绝食而亡。

黄家人为了纪念她，

安徽歙县黄氏节烈坊

便上报朝廷，为她修建了这座牌坊。

■ 棠樾村牌坊

在歙县，除了斗山街这两座著名的牌坊，还有一个棠樾牌坊群，位于由黄山市市区前往全国历史文化名城歙县的途中，离黄山市屯溪区约26千米，离歙县县城约5000米的郑村镇棠樾村东大道上。

棠樾村的"棠"字主要有两解，一解为棠梨树，又名杜树，为高大乔木；二解为海棠树，为落叶小乔木。"樾"字是树荫的意思。"棠樾"就是棠梨树或海棠树的荫凉之处。

这里一个古老的村落，自宋元以来已经绵延了800余年。该村的大姓鲍氏，他们的本源来自晋咸和年间的新安太守鲍弘。

棠樾鲍氏是一个以"孝悌"为核心、严格奉行封建礼教、倡导儒家伦理道德的家族。为此，在棠樾牌坊群内的牌坊共七座，明代的三座，清代的四座。

三座明代的牌坊为慈孝里坊、鲍灿孝行坊、鲍象贤尚书坊；四座清代的牌坊为鲍文渊妻节孝坊、鲍

孝悌 孝指还报父母的爱；悌，指兄弟姊妹的友爱，也包括了和朋友之间的友爱。圣人孔子非常重视孝悌，认为孝悌是做人、做学问的根本。孝悌不是教条，是培养人性光辉的爱，是我国文化的精神。

文龄妻节孝坊、鲍逢昌孝子坊和鲍漱芳乐善好施坊。它们按忠、孝、节、义依次排列，勾勒出封建社会"忠孝节义"伦理道德的概貌。

慈孝里坊是为旌表元末处士鲍余岩、鲍寿逊父子而建，是皇帝亲批"御制"的。

据史书记载，元代歙县守将李达率部叛乱，烧杀掳掠。棠樾鲍氏父子被乱军所获，并要两人杀一，请他们决定谁死谁生。孰料，鲍氏父子争死，以求他生，感天动地，连乱军也不忍下刀。

后来，明朝建立后，朝廷为旌表他们，赐建此坊。在此坊的横匾上镌刻"御制慈孝里"几个大字。

后来，明永乐皇帝听说此事后，还曾为鲍氏父子题诗：

父遭盗缚迫凶危，生死存亡在一时……鲍家父母全仁孝，留取声名照古今。

清朝建立后，乾隆皇帝也曾为鲍氏宗祠题联：

慈孝天下无双里，锦秀江南第一乡。

鲍灿孝行坊建于明嘉靖初年。牌坊挑檐下的"龙凤板"上镶着"圣旨"两字，横梁正反各有一对浮雕雄狮，显得颇为英武。额题上写着"旌表孝行赠兵部右侍郎鲍灿"12个字。

据《歙县志》记载：牌坊的主人鲍灿读书通达，不求仕进。其母两脚病疽，延医多年无效。鲍灿事母，持续吮吸老母双脚血脓，终至痊愈。

他的孝行感动了乡里，经请旨建造此坊。又因为他教育子孙有方、被皇帝"荣封三代"，并特地为其

荣誉象征

古代牌坊

宗祠 习惯上称祠堂，是供奉祖先神主，进行祭祀的场所，被视为宗族的象征。上古时代，士大夫不敢建宗庙，宗庙为天子专有。后来宋代朱熹提倡建立家族祠堂。至清代时，祠堂已遍及全国城乡各个家族，祠堂是族权与神权交织的中心。

■ 棠樾牌坊

■ 棠樾牌坊群

古建古风

中国古典建筑与标志

倭寇 一般指13世纪至16世纪期间，以日本为基地，活跃于朝鲜半岛及我国大陆沿岸的海上入侵者。曾经被归于海盗之类，但实际上其抢掠对象并不是船只，而是陆上城市。在倭寇最强盛之时，他们的活动范围曾远至东亚各地、甚至是内陆地区。

祖父立坊。由于鲍灿的曾孙鲍象贤是工部尚书，所以皇帝赠鲍灿"兵部左侍郎衔"。

据说，棠樾的孝子特别多，甚至可以说鲍氏家族是靠"孝"繁衍壮大起来的。这与历代帝王都把"孝道"当作修身齐家治国的根本思想分不开。

棠樾牌坊群中的鲍象贤尚书坊始建于1622年。旌表鲍象贤镇守云南、山东有功。

据县志记载：鲍象贤1529年中进士，初授御史，后任兵部右侍郎。他曾经远赴云南边防戍边，使边境得以安定，当地百姓还为他建了生祠以示感恩。由于秉性亢直，鄙视权贵，鲍象贤多次遭到奸臣的中伤，政治生涯几起几落。

但他一直抱持"官不择位"的思想，廉智自持，不计个人毁誉得失，一如既往地效忠社稷，在死后才被追赠加封为工部尚书。

后来，人们为了纪念他，便向朝廷请命，修建了这座鲍象贤尚书坊。

此牌坊于1795重修，牌坊上写着"赠工部尚书鲍象贤"八个大字，是一座旌表鲍象贤的"忠字坊"。因其在两广击退倭寇立大功，所以，在此牌坊的两侧，分别还刻有"命涣丝纶""官联台斗"字样，这是皇族赐予平民百姓极高的荣誉。

鲍文渊妻节孝坊建于1768年。因旌表鲍文渊继妻吴氏而建。

此牌坊为四柱三间三楼四柱冲天，宽9.38米，高约11.9米。它是牌坊群中自西向东的第三座坊。坊字牌上有"节劲三冬""脉存一线"大字。

据县志记载：吴氏，嘉定人，22岁嫁入棠樾，当时正遇上小姑生病，她昼夜护理。29岁时，她的丈夫去世，她立节守志，对前室的孤子鲍元标视如亲生，尽心抚养，直至其成家立业。鲍元标也不负母恩，终于成为清代著名的书法家。

年老之后，吴氏又倾其家产，为亡夫修了九世以下的祖墓，安葬好丈夫和族属中没有钱安葬的人。与此同时，吴氏还尽心侍奉患病的婆婆至寿终。她在60岁时辞世。

吴氏的举动感动了当地的官员，还打破继妻不准立坊的常规，破例为她建造了一座规模与其他相等的牌坊。尽管得此厚爱，但在牌坊额上"节劲三立"的"节"字上，还是留下了伏笔，人们把"节"字的草头与下面的"卩"错位雕刻其上，以示继室与原配在地位上是永远不能平等的。

鲍文龄妻节孝坊建成于1784年，是三楼四柱冲天牌坊，宽8.75米，高约11米。它是牌坊群中自西向东的第五座坊。牌坊为灰

■ 棠樾牌坊群

凝石质，牌额东侧写"矢贞全孝"，西侧写"立节完孤"等大字。

据县志记载，江氏为棠樾人，26岁守寡后，"立节完孤"，把儿子集成培养成歙县的名医。

寡妇守节，培养后嗣，被宗法社会认为是最大的孝行，因为宗族是依靠血统来维系的。所以在江氏80岁高龄时，族人为她请旌，建起了这座宛如其化身的牌坊。

鲍逢昌孝子坊建于1797年，为旌表孝子鲍逢昌而建。此坊结构为四柱三间三楼四柱冲天，宽9.8米，高11.7米。是牌坊群中自西向东的第二座坊。

此牌坊为灰凝石质，牌坊上无甚雕琢。字牌东面书"人钦真孝"，西面书"天鉴精诚"，下书"旌表孝子鲍逢昌"。

■ 鲍逢昌孝子坊

据记载，鲍逢昌的父亲在明末离乱时外出多年，杳无音信。1646年，才14岁的鲍逢昌沿路乞讨，千里寻父，最后终于在甘肃的雁门古寺找到了生病的父亲。他为父亲的背疽吮脓疗疮，并扶持父亲回到家中。

一进家门，鲍逢昌又见母亲病危在床，需要浙江富春山的真乳香医治，鲍逢昌又不远千里前去寻药。母亲

服用后果然痊愈，族人便说这是他"天鉴精诚""孝愈其亲"。后来，人们在他去世后，为他请旌，修建了这座牌坊。

鲍漱芳乐善好施坊建于1821年。这是棠樾牌坊群七座牌楼中位于正中间的一座，系为族表鲍漱芳父子"乐善好施"的义举而建造的。

此坊为四柱三间三楼，当心间顶楼檐下嵌雕四周有龙凤图案的"圣旨"牌，当心间上层字板正背两面，均题刻有"乐善好施"四个大字，下层字板题刻有"旌表浩授通奉大夫议叙盐运使鲍漱芳同子即用员外郎鲍均"字。

牌坊两侧次间字板题刻有立坊人"礼部尚书穆克登额、礼部尚书胡长龄、两江总督百龄、安徽巡抚胡克家、安徽提督学政白铭、安徽布政司蒋继勋"等人的名字及立坊的时间。

据《歙县志》记载，这座牌坊的建造经过颇为曲折，是鲍漱芳先后花了几千万两银子做"善行义举"才换来的。

皖南歙县，被誉为"牌坊之乡"，据史料记载，歙县历代共建牌坊250多座，现存牌坊82座。它们或跨街而立，或矗立于村头，或建于

■ 棠樾牌坊群

祠堂、民宅之前，作为门坊。

棠樾牌坊群，是安徽省现存最大、保存完好的一处牌坊群。古人建造它，其作用无非是维护封建社会的"忠孝节义"思想。

由于这些牌坊建筑气势宏大、雕刻精美、保存完好，又与相邻的鲍氏男祠、女祠构成了一个完整的旅游景区，而且与黄山风景区自然景观形成珠联璧合的人文旅游格局，因此，前往观光游览的宾客，无不赞美叫绝，流连忘返。

单县百寿坊俗称朱家牌坊，位于单县城内胜利北街，1765年为翰林院赠儒林郎朱叔琪妻孔氏而建，因雕有100个不同书体的寿字而得名。

此牌坊以青色鱼子状石灰岩构成，通高13米，宽8米，四柱三间三层楼阁式建筑。

其独特之处是：坊座雕有八头矫健雄狮昂首远

望，八条出水蛟龙绕柱回舞，额枋上饰满盛开牡丹，与正间上下额枋祥云间翩翩飞舞的五只透雕仙鹤、次间上额枋浮雕的相对翱翔之鸾凤构成了具有无穷魅力之艺术佳作，寓意福寿万年、富贵无媲或喜上眉梢。

而百狮坊则俗称"张家牌坊"，被誉为天下第一坊，位于单县城牌坊街的中段。因其夹柱精雕100只姿态各异的石狮子而得名，寓有百事如意，百世多寿之意。

此牌坊是1778年为赠文林郎张蒲妻朱氏而建，全石结构，高14米，宽9米，四柱三间五楼式，正间单檐，次间正檐，歇山顶，全部石砌。

坊座八根夹柱透雕群狮八组，大狮子狰狞峥嵘，小狮子环绕戏耍。每根夹柱前、左、右三面均浮雕松狮图。四柱和枋额上透雕云龙，其他部位也透雕加浮雕云龙旋舞，珍禽异兽、花卉图案。

■ 单县百寿坊朱家牌坊

江南　在历史上江南是一个文教发达、美丽富庶的地区，它反映了古代人民对美好生活的向往，是人们心目中的世外桃源。从古至今江南一直是个不断变化、富有伸缩性的地域概念。江南，意为长江之南面。在古代，江南往往代表着繁荣发达的文化教育和美丽富庶的水乡景象，区域大致为长江中下游南岸的地区。

■ 无锡华孝子祠四面牌坊

无锡市华孝子祠四面牌坊，位于祠门前，俗称"无顶亭"。单间，牌坊呈正方形，木石结构，藻饰精美，系华氏宗族族表忠孝节义及科第的纪念建筑物，建于1748年。

四面坊是具有江南特色的一种古建筑样式，迄今能够完整保存下来的，无锡仅此一座。

徐州市权谨牌坊坐落在徐州市内统一北街，又称"权氏祠堂"，始建于1427年，是徐州历史上唯一的歌颂封建礼教忠孝名人的纪念建筑物。

此坊初建于城西北隅池沼旁，1624年徐州大水，原建被淹。清顺治初年，地方官吏奉旨修建，将牌坊迁至统一北街，后又多次修复改建。

权谨牌坊由牌坊、大殿、配房三部分及三者形成的院落构成。牌坊坐西朝东，牌坊与祠堂的门楼合为一体，最东为牌坊，上有门楼，其龙凤板上书写"圣

■ 徐州市权谨牌坊
权氏祠堂

旨"两字，过道为三间，门额上有明仁宗旌表权谨的
"天朝元辅""中原文献""忠孝名臣"12个大字。

　　大殿位于牌坊西，正殿门两侧红抱柱有清乾隆帝
南巡御赐的金字楹联：

孝以作忠，品重先朝荣宰辅；

功而兼德，名垂后世耀门楣。

　　据说，此牌坊的主人权谨在徐州历史上，是一位
以孝道著称的名人。

　　权谨，字仲常，祖籍天水略阳，明洪武初年随父
迁居徐州，他10岁丧父，在母李氏的辛勤训诲下，刻
苦读书，于明永乐初年被荐授为青州乐安知县。

　　十年后，他迁光禄寺署丞。后来，因其母年事已
高，辞官归家，备尽奉赡。

　　圣旨 是我国古代
皇帝下的命令或
发表的言论。圣
旨是我国古代帝
王权力的展示和
象征，圣旨两端
则有翻飞的银色
巨龙作为标志。
圣旨作为历代帝
王下达的文书命
令及封赠有功官
员或赐给爵位名
号颁发的诰命或
敕命，圣旨颜色
越丰富，说明接
受封赠的官员官
衔越高。

母亲死后，权谨守墓三年，朝夕哭奠，孝感朝野。地方郡守闻知后上奏京城，明仁宗皇帝遂传旨，令群臣效法，权谨也因此成为当时闻名的"孝子"。

权谨不但是载入《明史》46名"孝义"的大孝子，也是当时才华出众的文人。权谨晚年授文华殿大学士、太子太傅，在宫廷内担任过皇太子的老师，并参加过明正统《彭城志》的编撰工作，并为之作序。权谨一直活至77岁，他去世后，明宣宗皇帝命地方官员在徐州建权孝公坊，以垂范名。

在我国，除了上面的介绍的这些节孝牌坊之外，还有众多的为表彰我国忠孝节义等伦理道德的类似牌坊。这些牌坊上除了写有大量的颂扬文字外，还刻有不同形状的浮雕画面，为我国的建筑文化增添了光彩。

古建古风

中国古典建筑与标志

阅读链接

关于歙县棠樾牌坊群中鲍漱芳乐善好施坊的来历，还有另外一种传说。

鲍家在修建此牌坊时，鲍氏家族已有"忠""孝""节"牌坊，独缺"义"字坊。

其村鲍氏世家，至鲍漱芳时，官至两淮盐运使司，掌握江南盐业命脉。他欲求皇帝恩准赐建"义"字坊，以光耀祖，便捐粮10万担、银30000两，修筑河堤，发放军饷，此举获得朝廷恩准。

于是，在棠樾村头又多了一座"好善乐施"的义字牌坊。在歙县众多的牌坊之中，这种"以商入仕，以仕保商"，政治与经济互为融贯的密切关系屡屡可见。棠樾牌坊群雄伟壮观，全国罕见，1981年9月被列为省重点文物保护单位。

以表彰建立功绩的功德牌坊

　　功德牌坊指用来表彰为国家和地方建立功绩的人，在我国古代这类牌坊很多。著名的有安徽省绩溪县奕世尚书坊和都宪坊、安徽省黟县西递胡文光刺史坊、安徽省歙县许国石坊和吴氏世科坊、安徽省歙县贞白里坊、山西省阳城县皇城相府石牌坊、山东省桓台县四世宫保牌坊、云南省丽江市古城四坊、浙江省湖州市小莲庄牌坊、辽宁省北镇市李成梁石坊、甘肃省正宁县赵氏牌坊、辽宁省兴城市祖氏石坊和河北省灵寿县石牌坊等。

钱王祠功德坊

　　奕世尚书坊坐落在绩溪县瀛洲乡大坑口村。建于1562年。三间四柱五楼，高10米，宽9米。主体结构由四根柱、四根定

■ 奕世尚书坊

古建古风

中国古典建筑与标志

抱鼓石 一般是指位于宅门入口、形似圆鼓的两块人工雕琢的石制构件，因为它有一个犹如抱鼓的形态承托于石座之上，故此得名。抱鼓石民间称谓较多，如：石鼓、门鼓、圆鼓子、石镖鼓、石锇等。它是牌楼建筑所特有的重要构件，主要是起稳固楼柱的作用。

盘枋和七根额枋组成。

牌坊的整体结构采用侧脚做法，向内收敛，四大柱子抹去棱角，即所谓的"讹角柱"；立柱的南北两向各有抱鼓石护靠，造就了端庄稳重、傲然挺拔的美感效果；坊顶为歇山式，用茶园石石板砍凿而成，由斗拱支撑并挑檐。

各正脊两端，鳌鱼对峙，明间正脊中部置火焰珠，八大戗角翘然腾飞。主楼正中装置竖式"恩荣"匾，其四周盘以浮雕双龙戏珠纹。

下方花板南北两面，分别镌书"奕世尚书"和"奕世宫保"。书法遒劲流畅、气韵不凡，为书法大家文徵明手书。

奕世尚书坊的四根定盘枋起线两道，再饰以莲瓣纹。梁柱接点处用花牙子雀替装饰。

额枋的雕刻图案异常精美，匠师倾雕刻技法之能事，运用圆雕、透雕、深浮雕、浅浮雕、镂空雕等工艺，使一幅幅精美生动、巧夺天工的画面跃然石上。

鲲鹏展翅、仙鹤腾飞、太狮滚球、双龙戏珠，布局脱俗，立意悠深，给人一种美的艺术享受。

尤其是中额枋北向的一组画面，更为神奇。匠师以石代纸，用凿为笔，驰骋在广瀚的艺术天地之中。山、水、亭、台、楼、阁，无一不妙；文武百官，优哉游哉，各行其好。

或奕林决雄，或书海探宝，或独钓河畔，或互论阴阳。世外桃源之生活，太平盛世之欢畅，在这里得以淋漓尽致地描绘。冰冷的石头，经过匠师的双手，仿佛散发出阵阵热流，让人感到温暖舒畅。

此枋为户部尚书胡富、兵部尚书胡宗宪而立。

胡富1478年中进士，胡宗宪1538年中进士，两人刚好相隔60年荣登金榜，故冠以奕世。胡富、胡宗完这样两位功德无量的封建仕宦，为龙川胡氏家族争光无限。人们为了纪念，为他俩立坊多达13座，其中龙川就有7座。

然而，这些铭刻人们怀念之情的13座石构建筑艺术精品，时至今日仅留下了奕世尚书坊，是徽派功名坊中的精品。

和奕世尚书坊隔溪相望的是都宪坊，都宪坊是后人为胡宗明而立，胡宗明曾经以副都御使的身份巡抚

荣誉象征
古代牌坊

雀替 是我国古建筑的特色构件之一。宋代称为角替，清代称为雀替，又称为插角或托木。通常被置于建筑的横材梁、枋与竖材柱的相交处，作用是缩短梁枋的净跨度从而增强梁枋的荷载力。其制作材料由该建筑所用的主要建材所决定，如木建筑上用木雀替，石建筑上用石雀替。

■ 奕世尚书坊近景

辽东，既行使监察之职，又统领地方事务，为地方的最高长官。

都宪坊上有"圣旨"两字，而奕世尚书坊上则是"恩荣"两字，这说明奕世尚书坊的等级要高些。

在我国古代，建造牌坊必须得到皇帝恩准才可以，根据不同等级牌坊一般分为三等。

一等牌坊是"御赐"，是皇帝同意以后由国库出钱建造；二等牌坊是"恩荣"，即皇帝同意以后由地方财政支持建造；三等牌坊是"圣旨"，即家族出了有作为的人，向皇帝申请，皇帝恩准后由自己或家族出钱为其建造。

由此可见，都宪坊是三等，奕世尚书坊是二等。

安徽省西递胡文光刺史坊位于黟县西递村前。建于1578年，清乾隆、咸丰年间曾修葺。坊基周围占地100平方米，四柱三间五楼单体仿木结构。

胡文光刺史坊与徽州各地的牌坊式样不同，如歙县的牌坊大都是4

古建古风

中国古典建筑与标志

都宪坊

根大柱直冲云霄，叫"冲天柱式"；而胡文光刺史坊则有五个层次分明的楼阁，叫"楼阁式"，所以准确些该称之为牌楼。高12.3米，宽9.95米，石雕古朴精湛，造型富丽堂皇。

通体为质地坚实细腻的"黟县青"石料构成。全坊以四根60厘米见方抹角石柱为整体支柱，上雕菱花图案。柱下有长方形柱墩四个，各高1.6米，东西长2.8米，宽0.8米。

■ 西递村胡文光刺史坊

中间两柱前后饰有两对高达2.5米的倒匍石狮，为支柱支脚，造型逼真，威猛传神。一楼月梁粗壮，刻以浮雕，精美古朴，柱梁间均用石拱承托，两侧嵌以石雕漏窗。中间横梁前后分别刻有"登嘉靖乙卯科奉直大夫朝列大夫胡文光"字样。

二楼中间西面为"胶州刺史"、东面为"荆藩首相"斗大双钩楷字，书体遒劲，三楼中轴线上镌有"恩荣"两字，两旁衬以盘龙浮雕。

二楼至四楼左右两侧和端点均流檐翘角，脊头吻兽雕为鳌鱼。檐下斗拱两侧饰有44个圆形凌空花翅，四根石柱的东西两面托着12块八仙、文臣武士人物雕塑，精美异常。文官和武将，喻为安邦定国。

最下边的正楼所刻图案叫"五狮戏球"，东西边是"麒麟吐书"。石柱两侧是栩栩如生的狮子，这两

漏窗 俗称花墙头、花墙洞、漏花窗、花窗，是一种满格的装饰性透空窗，外观为不封闭的空窗，窗洞内装饰着各种漏空图案，透过漏窗可隐约看到窗外景物。为了便于观看窗外景色，漏窗高度多与人眼视线相平，下框离地面一般约在1.3米左右。也有专为采光、通风和装饰用的漏窗，离地较高。

只狮子前爪朝下倒伏着，爪下有只小狮子，既精致又增加了牌坊的稳定性。这座牌坊雄伟挺秀，几经沧桑，仍屹立于西递村口，宛如一名忠实的守卫者，也是西递古村的历史见证。此坊为西递村人胡文光而建，此人于1555年中举，担任过万载县的县令。

在做官期间，胡文光筑城墙，修学校，做了不少利国利民的好事。后经巡抚推荐，担任了胶州刺史兼理海运。以后官升至荆州王府长史。明荆州王又授胡文光以奉直大夫、朝列大夫的头衔。1578年，皇帝批准胡文光的乡亲在此建了这座功德牌坊，以表彰胡文光在任上对民众做的善事。

歙县许国石坊又名大学士坊，位于安徽黄山歙县城内，是全国罕见的典型明代石坊建筑，立于1584年。

石坊是四面八柱，"口"字形，故俗称"八脚牌楼"。南北长11.54米，东西宽6.77米，高11.4米，面积78.13平方米。

石坊是仿木构造建筑，有脊、吻、斗拱。由前后两座三间四柱三楼和左右两座单间双柱三楼式的石坊组成。石料全部采用青色茶园

许国石坊大学士坊

石，石料质地坚硬，粗壮厚重，有的一块就重达四五吨，石坊雕饰艺术更是巧夺天工。

每一方石柱、每一道梁坊、每一块匾额，每一处斗拱和雀替，都饰以精美的雕刻。12只狮子，前后各四只，左右各两只，雄踞于石础之上，形态各异，栩栩如生。这些富有"个性化"的雕饰设计，巧妙地表达牌坊主人许国的思想意识和社会成就。

许国石坊为旌表明少保兼太子太保、礼部尚书、武英殿大学士许国而建。

许国是歙县人，他于1565年中进士，历仕嘉靖、隆庆、万历三朝，以云南"平夷"有功，晋太子太保、武英殿大学士。

许氏衣锦还乡后即立此坊，故坊上镌有"恩荣""先学后臣""上台元老""大学士""少保兼太子太保礼部尚书武英殿大学士许国"字样。

歙县"以才入仕"称江南，历代英杰辈出，名儒显臣层出不穷。许国石坊上遍布雕饰，工致细腻，古朴豪放，为徽州石雕工艺中的杰作。许国石坊以中华独一无二的雄姿成为举世瞩目的"国宝"，被誉为"东方的凯旋门"。

吴氏世科坊位于歙县徽城镇中山巷西口，1733年立，双柱一门三楼，宽2.6米，高7.25米，结构简明，

■ 吴氏世科坊

武英殿大学士
1382年设置，秩正五品。清沿置，为正一品。大学士中居内阁中的文渊阁首者，号称首辅，其权最大，有票拟之权。明世宗嘉靖以后，内阁权力急速发展，首辅大学士的职权如同以往的丞相，但必须与宦官合作，才能执掌大政。

雕刻简约，毫无奢华张扬之态。

坊字板上题刻明永乐至清雍正间城内吴氏15名举人、进士姓名。朴素无华，四块靠背石竖置于横卧的四只狮上，较少见。

按通常说法，此类"恩荣"牌坊当属第二等级，应为"皇帝下诏，地方出银建造。"但这座牌坊的字板上，却全然不见官府题款。

两侧基座上共雕四只狮子，寓"事事如意"。嘴里皆衔了绳子，一般而言，这通常理解为告诫家人及后辈噤口慎言，以免祸从口生，招惹牢狱之灾。

在安徽歙县，除了许国石坊和吴氏世科坊，还有一座徽州最古老的牌坊贞白里坊。

此牌坊位于徽州府歙县郑村，始建于元末，明弘治和嘉靖年间、清乾隆年间曾重修。仿木结构，二柱一间三楼，高8米，宽5.7米。石柱内侧面有门框卯口，从前装有木栅门。

二楼匾额上有元代翰林国史院编修程文等撰写的《贞白里门铭》，旨在旌表元代人郑千龄一家三代。一楼额枋上有"贞白里"3个

阳城县皇城相府石牌坊

大字，为"奉政大夫金浙江东海右道肃政廉访司事余阙书"。

阳城县皇城相府石牌坊有一大一小两座，大的是清朝康熙名相陈廷敬命人修建的。此牌坊建于1704年。牌坊为四柱三楼式，楼柱两侧置夹杆石，下枋上雕二龙戏珠，其上花坊、中枋直至定坊均饰吉祥图案，高浮雕。各枋间施牌匾和字牌。牌坊正楼主牌为"冢宰总宪"四字，边楼分刻"一门衍泽"与"五世承恩"。

■ 安徽歙县贞白里坊

"冢宰"是宰相的别称，为百官之首。"总宪"是都察院左都御史的别称。都察院是清朝朝廷最高一级监察机关，肩负监督考察各级官吏的重任。

在"冢宰总宪"下方有四格文字，从下至上分别镌刻陈廷敬及其父亲、祖父、曾祖父的官职和功名，其中最显赫的就是最下方一格陈廷敬所任官职的具体名称。定坊上施仿木构斗棋屋檐，正脊两端设吻兽，脊刹饰麒麟。整座牌楼看起来雄伟庄重，制作精美。

在离这座牌坊的不远处，便是一座两柱一楼式的小牌坊，此牌坊规模和装饰虽较逊色，但却建在大牌坊之前。

据说，这座牌楼建筑的时间是陈廷敬还没有当上朝廷命官之前修建的。牌坊的正面刻有"陕西汉中府

都察院 明清时期官署名，由前代的御史台发展而来，主掌监察、弹劾及建议。长官为左、右都御史，下设副都御史、金都御史。作为明清监察制度的主要实施者，都察院在维护封建统治正常秩序和保障封建国家机器平稳运转方面起到了重要的作用。

提督 我国古代武职的官名，负责统辖一省陆路或水路的官兵。提督通常为清朝各省绿营最高主管官，称得上封疆大吏，若以职能分，提督分为陆路提督与水师提督，掌管区域一至两省，数万平方千米，甚至数十万平方千米。

西乡县尉陈秀"至"儒林郎浙江道监察御史陈昌言"等六人的名字和官职，而背面则刻有"嘉靖甲辰科进士陈天佑"至"顺治丁酉科举人陈敬"等六人的科举功名。

其中，陈天佑是陈氏家族中的第一个进士，他的爷爷陈秀则是陈家历史上第一个外出做官的。而陈昌言则是在陈廷敬之前家族中最大的官，先为明朝御史，后入清朝朝廷，担任提督江南学政，不仅文章做得好，字也写得十分漂亮，同时在皇城内城中还存有很多出自他手笔的碑文。

我国的功德牌坊中，除了有很多二等牌坊"恩荣"和三等牌坊"圣旨"之外，还有一些"御赐"牌坊，它们由我国历史上的皇帝亲自御赐为国家地方建立功绩的人修建的牌坊。

其中，康熙皇帝第一次为臣子立牌坊的时间是在

■ 德政坊

1703年，当时，康熙帝的大臣文华殿大学士兼吏部尚书伊桑阿病故，他便亲自为伊桑阿树碑立牌坊。

此牌坊位于伊桑阿的墓前，坐西朝东，采用汉白玉石料，五门六柱，面阔21米。牌坊上的方形通天柱上浮雕层层云朵。牌坊单排多柱，建造精致，斗拱上承正楼、次楼、边楼、夹楼。其牌坊特点不光是造型气派，布局也很别致。

与其他功德牌坊不同的是：一般的牌坊都是四柱三门，它却有六柱三门两影壁。其牌坊的三个门槛上都有栽栏杆的方孔，门中还有石栏杆。其冲天柱的柱头上刻满了云纹，更使其蒙上了一层神秘的色彩。

总之，功德牌坊是人们对前人所做的功德进行的一种褒奖，这是一种对荣誉的肯定，表达了人们的自豪、仰慕和崇敬之情。

阅读链接

据说，歙县最古老的贞白里坊的主人郑千龄，一生只在祁门、休宁、淳安等县当过小官，但"官不在大，有德即灵"，因他廉洁自律，深受各处百姓爱戴，家乡人也都为他骄傲。

为此，在他死后，大家都尊称他为"贞白先生"。贞即忠贞，白即清白。可见他人品之高尚。

为倡导乡风，教育后人，村人在巷口建了贞白里坊。牌坊在初建时曾装有木栅门，后被拆除，坊下是进出村庄的必经之道。自元以来，凡郑村乡民操办红白喜事。都要从坊下穿过，以示毋忘祖风。

作为地方标志的标志性牌坊

　　标志性牌坊是指起标志地点、引导行人、分隔空间作用的牌坊。这类牌坊既有立在宫殿门口的，也有立在寺庙、陵墓、祠堂或者大型园林等建筑群前面的。

　　它们作为这组建筑群的一个标志，不但是整个建筑群序列的开始，同时也起到框景效果，在整个建筑群之间增添了一个空间层次。

　　在我国，著名的标志性牌坊有山东省青州市衡王府石坊、河南省南阳市古隆中牌坊、南阳市卧龙岗牌坊、浙江省桐乡市乌镇六朝遗胜石坊、北京市颐和园牌坊、北京市国子监琉璃牌坊、杭州市西泠印社石坊、安徽省宣城市敬亭山

衡王府石牌坊的底部雕刻

青州衡王府石坊

古昭亭坊、江苏省徐州市荆山桥牌坊、河南省开封市古吹台牌坊和无锡市东林书院牌坊等。

其中，青州市衡王府石坊位于山东潍坊青州城区玲珑山南路，为明朝衡王府遗迹，俗称"午朝门"。

衡王府是明宪宗朱见深的第五个儿子朱祐楎被封为衡王时修建的王府，衡王府石坊共两座，是衡王府正门前的大牌坊，也是文武官员叩拜衡王时出入的大门。

两石坊坐北面南，皆为四柱三门式牌坊结构。每坊东西宽11.5米，南北进深2.75米，高7米有余。两坊相距43.5米，建筑风格相同，尺寸一样，皆由28块巨石组成。

底座高1.2米，分三层，底层高出地面0.2米，刻云头花边；中层内收0.1米，雕荷花、牡丹等花卉图案；上层与底层齐，镌狮子、麒麟图案，每块巨石上有狮子12只、麒麟两只。

其中的雌雄石狮，透雕蹲立，昂首挺胸，瞪目鼓瞳，胸前雕挂石铃。雄狮左前掌踏地，右前掌踩石球，威武有力；雌狮子左前掌踏石

■ 衡王府石牌坊底部雕刻近景

球，右前掌抚小狮脊背，造型生动，惟妙惟肖，雕刻精美。

石柱方形，分立底座上，中间两柱各高2.82米；两侧两柱各高3.95米。每柱南北两面各镶透雕麒麟一只，高1.95米，昂首蹲立，每坊八只。四柱上方各嵌巨石横匾，匾上浮雕均为二龙戏珠图。

中门两横匾，上刻大字，南坊为"乐善遗风""象贤永誉"；北坊为"孝友宽仁""大雅不群"，为剔地阳文，字形宽博，笔画流畅。

"乐善"为朱祐楎号。"遗风"系朱祐楎去世后的用词。因此，石坊建置年代应在第二代衡王朱厚矯在位的嘉靖年间。

明朝灭亡后，衡王府被夷为平地，但是这两座造型宏伟的石坊却完整地保存了下来。这两座石牌坊的存在，可以使人们自然地联想到王府昔日的辉煌。

襄阳市古隆中牌坊位于湖北襄阳城西13千米处的古隆中风景区的第一个景点，它是在1893年，作为古隆中风景区的标志，由当时的湖北提督陈文炳负责修建的。

此牌坊高约6米，长约10米，其建造材料为青石开榫组装而成，依外观形式为柱不出

■ 古隆中牌坊

头有楼，四柱三牌楼式。牌坊宽四间，中为中间，两旁为次间，四柱脚深埋土中，四周出土处铺地平石，柱前后及旁，以10个纹头砷石支撑。

牌坊定盘枋斗口架正昂板，两正昂间置花板，并雕流空花纹，以为装饰。正昂上平铺脊筒檐板，其檐板叉出发戗，戗角作鸽尾形。牌坊脊板两端并饰鱼龙吻，中央置火焰珠。

牌坊正面中间上、下枋刻的是"古隆中"3个大字，上、下枋面浮雕"渔樵耕读"及"二龙戏珠"，两边门柱正面上雕刻着唐代大诗人杜甫的诗句：

三顾频烦天下计，两朝开济老臣心。

此诗赞扬了刘备三顾茅庐的诚意和诸葛亮业济两朝的赤胆忠心。

杜甫（712年—770年），字子美，号少陵野老，一号杜陵野老、杜陵布衣，世称杜拾遗、杜工部、杜少陵、杜草堂。原籍湖北襄阳，生于河南巩县。他是盛唐时期伟大的现实主义诗人、世界文化名人。有1500多首诗歌被保留了下来，有《杜工部集》传世。其作品对我国文学和日本文学产生了深远影响。被后人称为"诗圣"，他的诗也被称之为"诗史"。

古建古风

中国古典建筑与标志

■ 襄阳古隆中石牌坊背面

苏轼（1037年—1101年），字子瞻，一字和仲，号东坡居士。生于北宋时眉州眉山，即四川省眉山市。北宋文豪，宋词"豪放派"代表。追谥"文忠"。他在文学艺术方面堪称全才。词开豪放一派，对后世有巨大影响。代表词作有《念奴娇·赤壁怀古》和《水调歌头·丙辰中秋》等，传诵甚广。诗文有《东坡全集》等。

牌坊次间上、下枋雕"双凤朝日""鹿鹤同寿""麒麟送子""赤虎朋寿"等浮雕，中间字碑雕刻着诸葛亮的名言：

淡泊明志，宁静致远。

在此石牌坊的背面，上方有"三代下一人"五个大字，这是北宋文学家苏轼的一句名言，意思是说诸葛亮是夏、商、周三代以后最高尚、最伟大的人，没有其他人可以和他相提并论。

在牌坊背面的两边柱子，是唐代大诗人杜甫的另一诗句：

伯仲之间见伊吕，指挥若定失萧曹。

这句诗赞扬了诸葛亮杰出的政治、军事才能。南阳市卧龙岗位于河南省南阳市城西，是三国时期杰出的政治家、军事家诸葛亮"躬耕南阳"的另一个故址和纪念地。也有一种说法认为，这里才是汉昭烈皇帝刘备三顾茅庐之处。

卧龙岗牌坊位于卧龙岗上的诸葛亮纪念祠堂武侯祠内，一共有三道。

第一道牌坊位于武侯祠大门前二层台阶上，为进入南阳武侯祠的第一道牌坊，名为"千古人龙"石牌坊。此牌坊初建于明代，清道光年间重修。通高8.5米，阔13.55米，青石质地。中间横额阴刻"千古人龙"四个字，意指诸葛亮乃人中之龙，隐喻此地为藏龙卧虎之地。

牌坊形式为三门四柱，楼式通体布满雕饰，额坊浮雕祥云瑞兽，如"丹凤朝阳""麒麟送宝"等均栩

■ 南阳武侯祠"千古人龙"石牌坊

■ 卧龙岗石牌坊

栩如生。左右横额饰以诸葛亮生平故事图画十幅，如"躬耕南阳""舌战群儒"等，人物形象生动。

横额上下的雀替、斗拱、石瓦、石脊皆精雕细琢，巧夺天工。牌坊耸立门外，使整个武侯祠建筑更加气势壮观。

第二道牌坊位于武侯祠中轴线上，在"千古人龙"石坊之后，是进入武侯祠的第二道牌坊。

此牌坊为单门双柱，青石质地，通高6米，面阔4.5米，中间横额阴雕"汉照烈皇帝三顾处"，款署"道光辛卯巧月吉日""宛邑后学任守泰、刘玑、刘训"。

"汉昭烈皇帝"为刘备谥号，他曾与关羽、张飞三次来到草庐，问计于诸葛亮。《三国演义》将其称为"三顾茅庐"。此坊便是为纪念刘备三顾纳贤而立。

伊尹 商代大臣。生于山东曹县。因为其母亲在伊水居住，以伊为氏。尹为官名，甲骨卜辞中称他为伊，金文则称为伊小臣。伊尹一生对我国古代的政治、军事、文化、教育等多方面都做出过卓越贡献，是杰出的思想家、政治家、军事家，我国历史上第一个贤能相国。

此坊俗称三道门，初建于明代，1831年重建。石坊正中雕有"旭日出海"图。上楣刻"伊尹牧野"和"渭滨鱼钓"，寓意刘备之得诸葛亮，犹如"商汤之得伊尹，文王之得姜尚"，下楣刻"二龙戏珠"。坊阴上刻"八仙庆寿"，中书"真神人"，下刻"双凤朝阳"与正面相对应。

卧龙岗的第三道牌坊位于武侯祠中轴线上，是进入武侯祠的第三道石牌坊。

此牌坊为四柱三间冲天式石牌坊，高6米，宽8.5米，这里的立柱虽不"冲天"，但在额枋之上与立柱相对应的地方各置石吼一个，石吼雄峙在莲花座上，望天而吼。在额枋两面均饰以历史人物，如"三顾茅庐"等。

牌坊正面横额阴雕"三代遗才"四个字，款署

姜尚 姜子牙，也称吕尚。他先后辅佐了6位周王，因是齐国始祖而称"太公望"，俗称姜太公。西周初年，被周文王封为"太师"。后辅佐周武王灭商。因功封于齐，成为周代齐国的始祖。

■ 卧龙岗"三代遗才"牌坊

075

荣誉象征

古代牌坊

■ 颐和园过街牌坊

古建古风

中国古典建筑与标志

"康熙癸卯孟冬吉日""南阳府知府加二级王维新虔"。为此，此牌坊也被称为"三代遗才"石牌坊。

牌坊的背面阴刻"韬略宗师"四个字，立柱阴刻正书对联一副：

遗世仰高风抱膝长吟，出处各存千载志；
偏安恢汉祚鞠躬尽瘁，日月同悬二表文。

这是歌颂诸葛亮才德气节。此坊为康熙癸卯年，即1663年南阳知府王维新督建。据传，清康熙前武侯祠仅两道石坊，康熙帝问武侯祠牌坊数时，王维新误答为三，为免欺君罔上之罪，知府王维新即鸠工市材，虔建此坊。

桐乡市乌镇六朝遗胜石坊是乌镇市河西岸、剧场南首的昭明太子读书处的遗迹。

据乌青镇志记载，503年梁武帝的儿子昭明太子，曾随老师沈约在此读书，并建有书馆一座。后来，书馆倒毁。明万历年间，驻乌镇同知金廷训，为了纪念昭明太子勤学功绩，在书馆旧址建筑了一个"六朝遗胜"的石坊。

这石坊位于乌镇西栅景区内，石坊为花岗岩，门楼式，高约5米，宽3.8米。因年代久远，风化残缺，门顶石上刻有"六朝遗胜""梁昭明太子同沈尚书读书处"等字。

在北京颐和园内，是京建筑中牌坊最多的地方，且独具特色。颐和园牌坊多为标志坊，作为空间段落分隔之用，但牌坊上的文字具有浓厚的文化内涵。

颐和园的正门东宫门前有一块牌坊，为三间四柱七楼式，是清代保留至今最大的一座过街牌楼。牌楼两面彩绘金龙176条、金凤36只。牌楼中间镶嵌着一块石匾额，东题"涵虚"；西题"罨秀"。这两块题额为乾隆御书，非常珍贵。

除了这块牌坊，在颐和园内，最吸引人的牌坊要

知府 官名。宋代至清代地方行政区域"府"的最高长官。唐代以建都之地为府，以府尹为行政长官。宋代升大郡为府，以朝臣充各府长官，称以某官知某府事，简称知府。明代以知府为正式官名，为府的行政长官，管辖所属州县。清代沿明制不改。知府又尊称太守、府尊，也称黄堂。

■ 乌镇"六朝遗胜"牌楼

数园内排云门前的一块牌坊了。

这块牌坊濒湖而立，其建筑形式是三间四柱七楼，每个门楼都有不同的名称，有明楼、次楼、夹楼和边楼之分。牌楼正面写着"云辉玉宇"，背面写着"星拱瑶枢"，意思是云霞辉映着皇帝的宫殿，众星环绕着北斗。

这座牌楼是颐和园内万寿山前山建筑群真正的起点，它以华丽的形象点缀着园林景观，更显皇家的气派。

此外，在颐和园内的南湖岛上，还有两座木制牌坊，上书"凌霄""镜月"，高大华美。

"凌霄"，即迫近云霄，比喻志向高远；"镜月"，即镜中之月，比喻虚幻的景象，这里指颐和园灵秀而不可捉摸的意境。

北京市国子监琉璃牌坊是国子监两门内大型琉璃坊牌坊，这是我国唯一专门为教育而设立的牌坊，是我国古代崇文重教的象征。

此牌坊修建于1783年。整个牌坊的形制是三间四柱七楼庑殿顶式琉璃牌坊，凡应属于建筑的木构架的显露部分均为花色琉璃贴面，楼

■ 颐和园·排云门前牌楼

北京国子监琉璃牌坊

上覆黄色琉璃瓦，架以绿色琉璃斗拱。

牌坊横额正面书"圜桥教泽"，是指听讲学者众多，背面为"学海节观"，意思因为听讲学者众多，要靠水道将学生分隔开。

整个建筑彩色华美，通体精致、大气，也是北京唯一不属于寺院的琉璃牌坊。

除了上面的这些牌坊，在我国，各名山也有地方标志性牌坊，例如五台山、峨眉山、普陀山、泰山等都是如此。

阅读链接

颐和园内的过街牌坊中，"涵虚"意为：景色清幽恬静，包含太虚清幽之境。涵为包容之意，虚为太虚之意。此处比喻清幽、恬淡、宁静之境。"罨秀"意为：风景如画，此处意为如彩画般的景色。罨，彩色之意，秀为风景之意。

"涵虚""罨秀"四个字，把颐和园的雄浑宏阔、婉约清秀概括无余，点出了此宫苑的主题，是一个山清水秀、恬静清幽的山水宫苑。

祭奠先人美德的陵墓牌坊

　　陵墓牌坊，也称正墓道坊或墓坊，是牌坊建筑系列中的主要组成部分，它是研究陵墓主人的社会地位、古代墓葬等级制度，以及地方葬俗等方面的重要实物资料。它的设置蕴含着诸多文化内涵。

　　在我国，从古至今，保存着许多著名的陵墓牌坊，它们有浙江省绍兴市大禹陵牌坊、山东省曲阜市孔林牌坊、江苏省常熟市言子墓牌

吴氏陵园石牌坊

大禹陵石牌坊

坊、河南省洛阳市关林石坊、江苏省南通市唐骆宾王墓牌坊、江苏省镇江市米芾墓石坊、江苏省苏州市唐伯虎墓牌坊、山西省浑源县栗毓美墓牌坊、河南省安阳市袁公林牌楼。

绍兴市大禹陵牌坊位于绍兴市东南郊会稽山麓大禹陵的入口处。牌坊高12米、宽14米，系用石头建造，高大古朴。牌坊顶为双凤朝阳，庄重典雅，雕刻精美。柱端为古越人崇拜的神鸟鸠。鸠的下面是三个楷体大字"大禹陵"。

柱中系应龙，枋是双凤朝阳，枋下为守门龙椒图，柱下立辟邪镇墓兽。牌坊前横大铜管称龙杠。直竖左右大铜管称拴马桩。

按古代帝王陵寝制度，文官在此下轿，武官在此下马，步行进入神道，祭拜陵寝。因此，特设"龙杠"示禁，立"拴马桩"供官员拴马。

除了这座大禹陵牌坊，曲阜市孔林牌坊也很出

椒图 龙生的九子之一，形状像螺蚌，性好闭，最反感别人进入它的巢穴，铺首衔环为其形象。因而我国古人常将其形象雕在大门的铺首上，或刻画在门板上。螺蚌遇到外物侵犯，总是将壳口紧合。为此，人们习惯将其用于门上，大概就是取其可以紧闭之意，以求安全。

言子墓前的石牌坊

名。孔林本称至圣林，是我国古圣人孔子及其家族的墓地。孔林牌坊位于孔林神道的入口处。

这座牌坊被称为"万古长春坊"，是一座六楹精雕的石坊，其支撑为六根石柱，两面蹲踞着12只神态不同的石狮子。

牌坊正中是"万古长春"四个字，为1594年初建时所刻，清雍正年间却又在坊上刻了"清雍正十年七月奉敕重修"的字样。石坊上雕有盘龙。

除了这座牌坊，在孔林墓地内的"洙水桥"旁边，还有一座雕刻着云、龙、辟邪的石坊。牌坊上面坊的两面各刻"洙水桥"三个字，北面署"明嘉靖二年衍圣公孔闻韶立"，南面署"雍正十年"年号。

常熟市言子墓牌坊位于常熟虞山东麓孔子的弟子言子之墓内。言子墓初建于西汉，经历几代修建，才拥有今日之宏大规模。

在言子墓内，有三道著名的牌坊，均有匾额和柱联。其中，第一座墓门牌坊楹联为：

旧庐墨井文孙守，高陇虞峰古树森。

第二道牌坊前后有乾隆书额："道启东南""灵萃句吴"。

第三道牌坊为雍正年间江苏布政使额书："南方夫子"。

洛阳市关林石坊位于河南省洛阳市老城南关林镇关林内。关林相传为埋葬三国时蜀将关羽首级的地方，前为祠庙，后为墓冢。

在关冢之前，有两座石牌坊。第一座石牌坊是明代万历年间立

古建古风
中国古典建筑与标志

的，宽10米，高6米，共有三门道，坊上题联甚多，均是歌颂关羽之作，书体皆为明清书法。

正坊额上题"汉寿亭侯墓"五个大字。这是在关羽解白马之围后，曹操向汉献帝给关羽奏请的封号，也是关羽的第一次受封。正坊柱正面有联一对：

盖世英雄皈圣域；

终天仇恨绕神丘。

此牌坊的偏坊也有坊额，分别写道："义参天地""道衍春秋"。

关林的第二座石坊，在规模上要比第一座略小一些，它立于清康熙年间。牌坊正面额上写着"中央宛在"四个大字。关于这四个字，有解释说，"中央"是指头颅的意思，"宛在"则是说仿佛存在的意思。

南通市唐骆宾王墓牌坊位于南通城东佛教八小名

■ 关林石坊

唐骆宾王墓牌坊

山之首的狼山山脚骆宾王墓内。这座牌坊是一座高大的三开间花岗石牌坊，坊额上镌刻着墓名：正中为"唐骆宾王墓"，右侧是"宋金将军墓"，左侧写道"刘南庐墓"。

当然，在我国，除了上面介绍的这些陵墓类牌坊之外，还有很多地区的古墓前也有类似的牌坊，这些牌坊经过岁月的洗礼和风雨的浸淫，许多墓道坊都已残缺不全，唯留那一根根石柱，仿佛在张扬着曾经的无比荣耀，让人们对古人油然起敬。

阅读链接

据说，关于洙水桥牌坊的建立，还与旁边的洙水河有关。

洙水本是古代的一条河流，它与泗水合流，至曲阜北又分为二水。在春秋时，孔子讲学洙泗之间，后人以洙泗作为儒家代称。但洙水河道久湮，为纪念孔子，后人将鲁国的护城河指为洙水，并修了精致的牌坊和洙水桥。

古代匾额

匾额是古建筑的必然组成部分，相当于古建筑的眼睛。它的产生，相传缘于中原河洛文化的发展，是华夏文明的一种体现。

几千年来，它把我国文化流传中的辞赋诗文、书法篆刻、建筑艺术融为一体，集字、印、雕、色的大成，以其凝练的诗文、精湛的书法、深远的寓意、指点江山，评述人物，成为中华文化园地中的一朵奇葩。

匾额一般挂在门上方、屋檐下。当建筑四面都有门时，四面都可以挂匾，但正面的门上是必须要有匾的，如皇家园林、殿宇以及一些名人府宅莫不如此。是我国民族文化的重要标志。

发源于秦汉时期的题字牌

匾额，是一种悬挂在建筑物主要出入口上方和室内堂壁上的题字牌。最常见的有矩形横挂，矩形竖挂和方形三种形式。此外，还有书卷型，蕉叶型和扇形等小件式匾额，多散见于园林亭廊、洞门、书斋小室和民居寓舍之中。

我国古代匾额可以说是融汉语言、汉字书法、传统建筑、雕刻技巧于一体，集思想性、艺术性于一身的综合艺术作品。

由于匾额上的题字多为表彰良善、激励进取、祝福吉祥、明志记趣等内容，加之匾额是集文学、书法、印章、雕刻、装饰等的艺术特点为一体

■ 沈阳故宫崇政殿"正大光明"匾额

■ 阿房宫

的综合艺术形式，因此它深受人们的喜爱。

匾额最早发源于秦汉。据说秦始皇时，书体定为八种，即大篆、小篆、刻符、虫书、摹印、署书、殳书和隶书。署书又称榜书，就是写匾额用的字体。

在当时，匾额常常以其题名而出现。如秦汉时期建成的规模宏大的阿房宫中，殿阁宫舍门阙等建筑上的门匾就有80余处。

如宣室殿、清凉殿、天禄阁、石渠阁、承明殿、金马门、麒麟门；后宫有椒房殿、昭阳舍、漪澜殿、柏梁台等，这说明在当时，建筑已有题名的做法。

我国匾额最早的文字记载，是在《说文解字》中：

汉高六年，萧何所定，以题苍龙、白虎二阙。

殳书 是秦书八体之一。是一种刻在兵器上的文字。从秦"大良造鞅戟"和"吕不韦戈"上的文字看，结构不脱小篆，书法作风和秦权、秦诏版上的一样，草率省便而近于隶书。秦书八体是指秦朝的八体，指的是八种书写的字体。

■ 宋代晋祠圣母殿金字"显灵昭济圣母"匾

古建古风

中国古典建筑与标志

《太平广记》是宋代人编的一部大书。全书500卷。书中收录了先秦两汉至北宋初年期间的野史、笔记、传奇等作品，是我国第一部规模巨大、内容丰赡的古代文言小说总集。宋代李昉、扈蒙、李穆、徐铉、赵邻几、王克贞、宋白、吕文仲等12人奉宋太宗之命编纂。

因此，匾额的正式形成，最晚应在西汉，宰相萧何亲自题写"苍龙""白虎"两匾之时。

至三国时期，我国的古文献中还有记载关于题写匾额的故事。其中，在《太平广记》中有这样一段记载：著名的三国时书法家韦诞，善于书写各种书体，尤其以题写匾额的书法最为精湛。

当时，魏文帝刚刚建成凌云台时，命令韦诞为其题写匾额。后来洛阳许邺三都宫观建成，又诏令韦诞为宫殿题写匾额，并且将其定为永远的制度。

然而，由于在宫殿，城楼上题写匾额在当时是非常危险的事情。因为在当时，匾额多属于石制，要题写就要被绳子吊在城楼上，所以韦诞就告诫他的后人，为了避免危险，不要学习榜书。由此可见，在当时题写匾额是一件非常危险的事。

至魏晋时期，王公贵族不仅开始热衷于在宫殿城楼之上题写匾额，而且十分重视匾文的书法，大家均愿意出高价钱去请当时的书法大家来题写。

至唐代，无论是朝廷还是书法家，对匾文书法已越加的重视。著名书法家颜真卿在《乞御书放生池碑额表》一文中，讨论了碑额题写书法的要点。

　　身为吏部尚书，太子太师，封鲁郡开国公的颜真卿，他所写的这篇文章不仅仅代表了一个著名书法家的观点，更是整个朝廷从上至下对匾额书法的重视。

　　宋代时，我国的匾额文化更是进入了一个高峰期，关于匾额的故事在许多资料中都有记载。在宋代的散文笔记《邵氏闻见录》中记载：

　　太祖皇帝将展外城，幸朱雀门，亲自规划，独赵韩王普时从幸。上指门额问普："何不只书'朱雀门'，须著'之'字安用？"

　　普对曰："语助。"

　　太祖大笑曰："之乎者也，助得甚事。"

■ 南浔古镇广惠宫

■ 成都传统的民居匾额

古建古风

中国古典建筑与标志

赵匡胤 北宋王朝的建立者。960年，他以"镇定二州"的名义，领兵出征，发动陈桥兵变，代周称帝，建立宋朝，定都开封。在位16年。在位期间，加强中央集权，提倡文人政治，开创了我国的文治盛世，是一位英明仁慈的皇帝。

宋太祖赵匡胤是个马上得天下的君王。他大约是不喜欢文绉绉习气，所以才有了对门额"之"字这样的一番评论。但也足以见得，当时宋太祖对匾额的关注。

皇帝尚且如此，下面的官员乃至百姓当然也就会争相效仿。为此，在宋代，匾额作为给建筑物命名的功能，已经不仅停留在单单起一个名字而已，而是开始对题字的内容字斟句酌了。

在当时的古籍《桯史·刘蕴古》中记载，从宋代起，老百姓也开始以互赠匾额为礼品，而且某些有钱人，更是用金子打造匾额，以此能更长久地保存以达到留名青史的功效。

也就是说，从宋代起，我国匾额在功能发生变化的同时，匾额本身的质地也发生了变化。

在宋代，匾额除了用于互相赠送，还出现了皇帝御赐的情况，如宋徽宗时，就曾赐唐朝大将陈元光之庙以"威惠庙"的匾额，以追思其开发漳、潮地区之功。

在这同一时期，匾额还用于商铺的标志性招牌使用。从著名的《清明上河图》中，我们可以看到"赵太丞家"医药铺首所悬挂"赵太丞家"的医药铺字号横匾便是作为商铺匾额出现的。

此外，在这商匾的两边，还有四块竖匾，分别写有"大理中丸×养胃丸""治酒所伤良方集香丸""五劳七伤回春丸""赵太丞统理×妇儿科"等字样，这些匾额使人们对该医药铺的特点一目了然。

这些商匾的作用和今天我们所看到的仍然挂满大街小巷的店铺的匾额，如北京"同仁堂""稻香村"，杭州"楼外楼"等的功能相同。

至明清时期，我国的匾额已经相当盛行了，形制也已经十分完备，从斋堂雅号到官府门第，从修身立志到旌表贺颂，匾额已经渗透到了人们生活的方方面面。

在明清时期，匾额作为官府以及皇室的一种表彰方式，逐渐成为一种礼俗，承担礼仪规范的功能。

清朝律例规定，进士及第、孝子节妇和有贡献之人，各级政府都可以以匾额的形式对其进行表彰。

在我国各地一些古建筑上，如大天后宫、城隍庙等，都可见我国历代帝王，尤其是明、清皇帝封赠的匾额。

由此，可以得出，我国的匾额起步于两汉时期，发展于唐代，完备于宋代，兴盛于明清时期。自有匾额以来，它就与我国人民的文化生活密不可

城隍庙 起源于古代对《周官》八神之一水隍庸的祭祀。"城"原指挖土筑的高墙，"隍"原指没有水的护城壕。古人造城是为了保护城内百姓的安全，所以修了高大的城墙、城楼、城门以及壕城、护城河。他们认为与人们的生活、生产安全密切相关的事物，都有神在，于是城和隍被神化为城市的保护神。

■ 清代御赐天后宫"神昭海表"匾额

091

古建眼睛

古代匾额

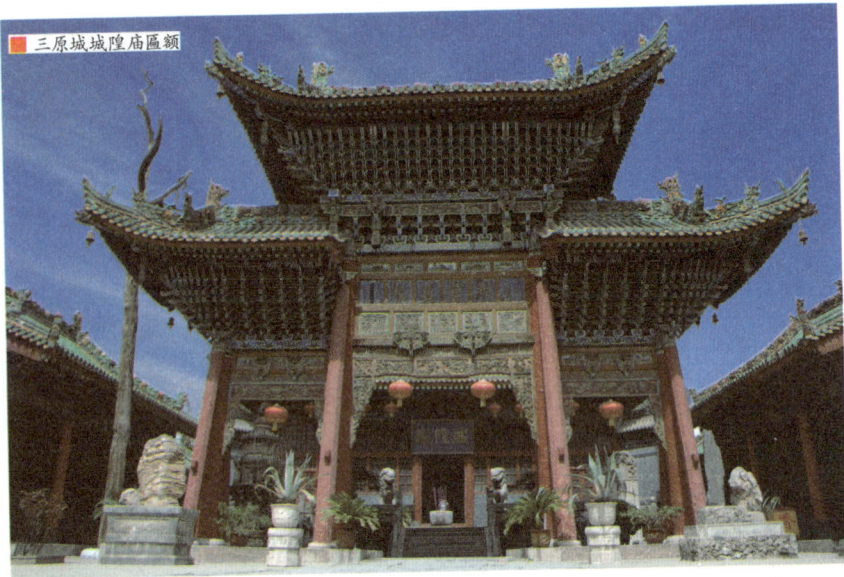
三原城城隍庙匾额

分，与建筑、民俗、文学、艺术、书法相结合，深入到社会生活的各个方面，其写景状物，言表抒情，寓意深邃，具有极大的文学艺术感染力。

悬于宅门则端庄文雅，挂在厅堂则蓬荜生辉，装点名胜则古色古香，描绘江山则江山增色。虽片辞数语着墨不多，望之却巍然大观，令人肃然起敬。

阅读链接

在我国，匾额的题写，虽然自古没有强制的规定，但在大多数情况下，一个完整的匾额格式应该包括上款、下款和印章。同时，对上下款题写的内容上也有一定的要求。

上下款的内容主要包括：题匾者，受匾者，立匾者，年月日。有时一些匾额为了表彰受匾者，往往会在写一段关于受匾者事迹的文字，这段文字根据匾额整体的形制以及上下款的规则，或是放在上款作为序或是放在下款作为跋。

印章的位置一般是在题匾者名字的旁边或下面，但也有不少匾额的印章是在匾文正中央偏上方。

自表家门的官署门第类匾额

我国匾额历史悠久，寓意深远，虽历尽岁月沧桑，在今天的中华大地上仍不时见到它们端庄文雅的身影，这充分证明了我国匾额文化影响的深远。

这众多的匾额，按形式分，分为横匾和竖匾。

■ 马氏庄园进士第匾额

■ "翰林第"匾额

门阀制度 门阀，是门第和阀阅的合称，指的是世代为官的名门望族，又称门第、势族、世家、巨室等。门阀制度是封建等级制中的一种特殊形式。形成于东汉，魏晋南北朝时盛行。

按材质分，有木质、石质、灰质和金属等质地，以及琉璃匾、瓷匾、丝织、纸匾、竹匾等。

按制作技艺分，可分为阴刻匾、阳刻匾、阳刻中刻阴曹之匾及阴刻阳刻结合之匾。

按匾文的外形装饰则可分为有框匾和无框匾，有框匾额的边框又分素平、雕刻与描金。

按匾文功能，则可分为官署门第类、官家类、功德声望类、贞节贤孝类、寺庙宗祠类、楼阁殿堂、书斋堂号类、婚喜寿庆匾类、医德教泽类，以及绘景抒情类等。

一般情况下，匾额的写作文字很少，也无复杂的结构款式，主要是讲求适情应境，文辞精粹。

官署门第类匾额指的便是门阀类匾额。随着科举制度的兴起，门阀制度渐次衰弱，但父死子荫和光宗耀祖的传统并没消失，名门望族的观念还有很大的影响。因此，匾额就成为自表家门的一种形式。如"武惠第""司马第""进士第""翰林第""大夫第""状元匾"等类匾额。

其中，司马作为官职，在我国沿用的历史非常悠久。从西周直至清代，历朝历代都有司马官职，虽然有虚有实因时而异，职能变化也很大。

周代的大司马，位高权重，直接掌管军事大权；战国时为掌管军政、军赋的副官，如《鸿门宴》"沛公左司马曹无伤言之"；西汉时期，常授给掌权的外戚，多与大将军、骠骑将军、车骑将军等联称，也有不兼将军号的。

东汉初为三公之一，旋改太尉，末年又别置大司马；魏晋为上公之一，位在三公之上；南北朝时或置或不置，陈朝为赠官；隋唐时是州郡太守属官。

明清时，大司马多作为兵部尚书之别称，而司马则成为州同、同知、左堂的别称。按《清史稿·职官表》云："州同分掌粮务、水利、防海诸职"，从六品。

因司马之职长期沿用，所以我国古人有"司马者，非荣即贵"的

揭阳学宫大成门竖匾

说法。为此，那些曾任过同知之职的官员，致仕后往往在宅第前署"司马第"，以光耀门楣。

在我国，"司马第"匾额很多地方都有，如广西壮族自治区名镇黄姚古镇中，便有一座"司马第"的清代建筑，在此建筑中，房门门额上便挂着一块写有"司马第"字样的匾额。

另外，在宁波天一阁内也有一块"司马第"牌匾，挂在厅堂与祠堂相交处，特别是"司马第"院门的门头上九层斗拱，极显尊贵。

天一阁的主人为范钦，明嘉靖年间兵部右侍郎范钦所筑。1532年，范钦27岁时中进士，出任湖广随州知州，人为工部员外郎，江西袁州知府，广西参政，福建按察使，云南右布政使，陕西、河南等地方官，后又巡抚南赣汀漳诸郡，累官至兵部右侍郎。

在我国，还有很多地方有"司马第"匾额和建筑，但大数被破坏了，尤其是在偏僻的农村，大多数因长年没有修复，已经残破不堪。

"进士第"是封建社会取得进士称号及官阶的人建造的宅第。由于进士出身高贵，地方引以为荣，往往不惜财力为其住所大兴土木，

"司马第"匾额

赠"进士第"匾炫耀，立双斗桅杆招摇。

榆次常家庄园"大夫第"匾额

在我国，著名的"进士第"匾额在台湾新竹市的北门街。这是一座闽南式的官宅，大门上方书有"进士第"三个大字，是开台第一进士郑用锡的住宅，距今已140多年历史，是新竹著名古迹之一。

据记载，1823年，郑用锡赴京殿试及第，成为开台第一个进士。十年后他告假还乡，建了这座进士第，为清代中期台湾官宅代表。另外，在山西省的常家庄园内，也有一座进士第的官宅，据说，是本堂学子常龄书会试中进士后所立。

翰林是皇帝的文学侍从官，翰林院从唐朝起开始设立，始为供职具有艺能人士的机构，但自唐玄宗后衍变成了专门起草机密诏制的重要机构，院里任职的人称为翰林学士。这些任职为翰林学士官员所建的宅第为翰林第。

殿试 为宋、元、明、清时期科举考试形式之一。又称："御试""廷试""廷对"，即指皇帝亲自出题考试。会试中选者始得参与。目的是对会试合格区别等第。殿试为科举考试中的最高一段。

"大夫第"匾额

在我国，最著名的翰林第位于浙江省乌镇。这"翰林第"原是名门萧仪宾的府邸，萧仪宾有一外甥叫夏同善，自小得到萧家的悉心培养，26岁中了进士，被皇上钦点为翰林，并赐"翰林第"匾额一块。

夏同善知恩图报，将这块匾挂在了萧家的厅上。由于夏同善的文章超群，慈禧太后很是赏识，就任命他和翁同龢一起担任光绪的老师。

1871年，浙江发生了轰动全国的"杨乃武与小白菜"一案，在夏同善的帮助下，此案最终真相大白，从此，萧家"翰林第"也声名大振。

"大夫第"，一般是指文职官员的私宅。"大夫第"就是士大夫的门第，不是平民百姓的草庐。

在我国，挂有"大夫第"匾额的官宅有很多，在广东省揭阳、汕头、湖北省通山、四川省蓬安、安徽省黟县和湖南省双峰等地都有。

广东揭阳的大夫第官宅位于揭东县港畔村，是一处前后罕见的潮汕古建筑。"大夫第"的匾额在官宅面阔五间的正门上，为石刻"大夫第"三个字，背后为"克绍箕裘"四个字。

湖北通山的大夫第官宅位于大路乡吴田村畈上王

自然湾，是清末知县王明璠的府第。

据王家族谱记载，王明璠在清咸丰年间中举，曾任江西武宁、瑞昌、上饶、南康、丰城、萍乡知县，为官30年。1900年，八国联军攻占北京，"两宫西巡"王明璠跋涉数千里面奏圣上。朝廷褒其忠义，授予"朝议大夫"封号。

为此，他的府第大门上，便有一块"大夫第"的匾额。

四川省蓬安的大夫第官宅，位于蓬安县利溪镇南1000米处，是伍氏后人于清代光绪年间修建。清嘉庆年间，伍氏后裔伍德全、伍贵芳、伍兰芳一同中举后，朝廷赐封为朝议大夫，皇上笔赐"大夫第"牌匾一方，挂在伍家宅子的正门入口处。

因为此匾额是皇上亲笔御赐，所以显得格外珍贵。

阅读链接

我国古人的"司马第"匾额中，"马"字下面的"一"是写作四点的，即"馬"。

在广东省普宁市后溪林场山区有个小山村内，也有一座写有"司马第"匾额的府宅，奇怪的是，这座宅子的"司马第"匾额"马"字下面，只有三点。这是为什么呢？

原来，这座宅子的主人司马姓钟名子范，清朝官员，他为官清廉，深得民心。但是，有一次他出巡时，他的儿子居然代行父职升堂问案，乱断官司，坑害良民。

司马回府，闻知此事，十分气愤，送子投案，并引咎挂印辞官归田。他回到家乡，为自己的府第门匾题书了"司马第"三个字，而且"马"字下面只写了三点。

后来，六安州官民缅怀钟司马，又派人来请钟司马回去当官。但当他们看见"司马第"三个字的匾额时，长叹一声："钟司马不愿复出了。"

众人忙问何故。这人说："马失一蹄，难道还能奔走吗？"

多悬于公堂之上的官家匾额

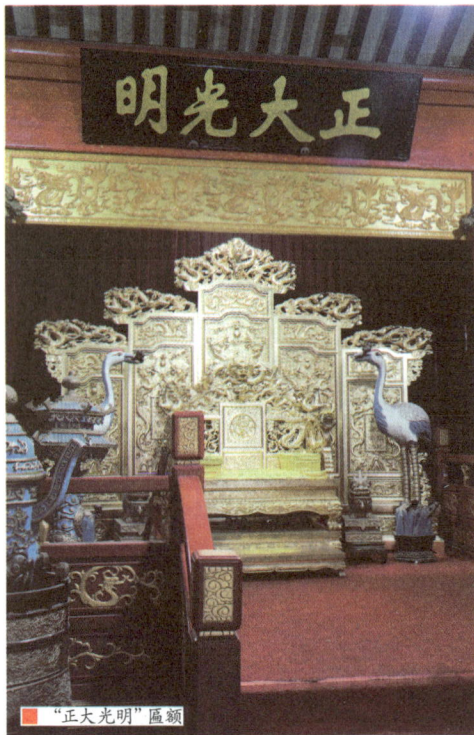

"正大光明"匾额

　　我国古代有一类官匾，是官员为表白为官初衷和抱负，用悬金匾形式昭示民众，并以此为鉴自勉的。

　　这类官匾多悬于公堂之上，内容则以表白为官清廉勤政者居多。如"明镜高悬""公正廉明""明察秋毫""正大光明""清正廉明""勤政为民"等。

　　宋太祖统一天下后，在殿房上悬"公正明"手书匾额，自警治国要公正。

　　官匾中的"明镜高

■ 开封府匾额

悬"，从字面意思是比喻官员判案公正廉明，执法严明，判案公正，办事公正无私。关于这块匾额的来历，据说，已有2000多年的历史。

据汉朝刘歆著《西京杂记》记载，公元前206年，秦朝灭亡，刘邦进入秦都咸阳宫，看到无数珍宝中有一块方镜，宽约为1.33米，高约为1.97米，表里有明。

人若在它前面照镜子，里面就出现倒着的人影；用手按着心，就能看见人的五脏六腑；如果有疾病，就能看出生病的部位。据说，秦始皇常常用这块镜子来照手下的大臣和宫中的宫女、太监，如有异常，通通杀掉。

后来官吏借用这一典故来说明自己审案的公正和明察秋毫。

由于这块镜子出产在秦国，所以又称为"秦

咸阳宫 是我国秦代宫殿。位于今陕西省咸阳市东，当初秦都咸阳城的北部阶地上。公元前350年秦孝公迁都咸阳，开始营建宫室，至迟到秦昭王时，咸阳宫已建成。在秦始皇统一六国过程中，该宫又经扩建。据记载，该宫"因北陵营殿"，为秦始皇执政"听事"的所在。秦末项羽入咸阳，屠城纵火，咸阳宫夷为废墟。

清朝官府匾额

镜"。又因为这块镜子功能奇特，所以人们经常用秦镜来比喻官吏精明机智，善于断案。

后来，不论是清官，还是贪官、混官、糊涂官，为了标榜自己"清正廉洁""公正廉明"，全都在公堂上挂起了"秦镜高悬"的匾额，再后来逐渐变成更为通俗的"明镜高悬"了，直至清末。

在公堂之上，古人除了挂有"明镜高悬"等寓意自己审案公正的匾额，也有的官员会选择挂"正大光明"等匾额。

我国北宋著名清官包青天的府衙大堂内，便挂着一块"正大光明"的匾额。匾额上写着黑底金字，气势辉煌，匾额下的屏风上汹涌澎湃的海水拍打着礁石，浪花飞溅，气势磅礴，以警示官员要清似海水，不可贪赃枉法。

在"正大光明"匾额的左右两边，还各有两个小一点的牌匾，上面分别写着"勤政为民"和"清正廉明"的字样。

匾额下方为公案，公案前方放置着"龙头""虎头""狗头"三口铜铡，令人望而生畏。

除了以上这些匾额，在我国古代的部分官衙公堂之上，为了表示州县官们的操行，还有挂"守己爱

包青天 也就是包拯。历任三司户部判官、知开封府、权御史中丞、三司使等职。因不畏权贵，不徇私情，清正廉洁，其事迹被后人改编为小说、戏剧，令其清官包公形象及包青天的故事家喻户晓。

民"礼乐遗教""公明廉威"等匾额的。其中，在我国清代，公堂内最常见的则是"清慎勤""天理人情国法"等匾额。

"清慎勤"是我国古代最常见的官府匾额，无论何种官署都有这样的匾额。州县衙门里的这三字匾，有的挂在大堂上，有的挂在穿堂、二堂，几乎没有不挂这三字匾的州县衙门。

这三字匾的来历悠久，据清代学者赵翼《陔余丛考·清慎勤》的考证，三字匾出于三国时的司马懿。据说，司马懿有一次接见地方官时，提出当官的要做到清廉、谨慎、勤快，有了这三项美德，还怕治理不好吗？

他又问官员这三项中哪一项最重要？

有的说是"清"，有的说是"勤"，而司马懿却同意"慎乃为大"的说法。

从此这三字就成为官员的基本要求。

"天理人情国法"的匾额往往挂在大堂和二堂之类涉及司法审判功能的建筑里，这三项是州县长官主持审判时必须参考的三项要素。

"明镜高悬"匾额

天理指传统的"三纲五常"为核心的礼教原则，也可以指被当时社会所认识的一些自然规律。人情指人之常情，既可以是绅士标榜的"忠恕之道"，也可以是指被绅士所倡导的社会舆论，有时也可包括一地的风土人情。

国法当然就是指朝廷的正式法律。

此外，在我国清代京城，各部官府衙门悬挂的匾额也各有不同。如吏部悬匾额为"公正持衡"，户部为"九式经邦"，礼部为"寅清赞化"，兵部为"整肃中枢"，刑部为"明刑弼教"，工部为"教饬百工"。

管理皇室宗族事务的宗人府为"教崇孝弟"，管理皇宫内务的内务府为"职思总理"，管理少数民族事务的理藩院为"宣化遐方"，掌管刑事的大理寺为"执法持平"，掌管宗庙祭祀的太常寺为"祗肃明禋"，掌管车马、马政的太仆寺为"勤字天育"等。

阅读链接

关于"明镜高悬"匾额的来历，在古典名著《三侠五义》中，还有这样一个故事：

据说，包公小时候被二嫂陷害掉入井中，得到一面镜子，滴上鲜血便能照出世间罪恶之人，这就是后来的开封府三宝之一的阴阳镜，包大人就凭这块宝镜，夜断阴，日断阳，明察秋毫，查清了无数疑案，为老百姓伸张正义。

包公临死时，怕后任贪赃枉法、残害良民，就把宝镜，命人悄悄悬挂在开封府的正堂之上，才放心地闭上眼睛。

后来，过了很多年后，开封府来了个名叫钱如命的贪官。这个贪官不好好办案，专门干贪赃枉法的勾当。

一次，开封府的宝镜把钱如命在开封府的丑行和劣迹一幕幕地重演出来。钱如命惊恐万状，最后被活活吓死。

后来，各个衙门的大堂上高挂"明镜高悬"的牌匾，以表示官员判案公正廉明，执法严明，判案、办事公正无私。

对人歌功颂德的功德声望匾

我国古代对有功于民者或是人格品行为世人所仰慕者多以匾额述其业绩懿行，以示褒奖的一种匾额，称为功德声望匾额。如"名垂宇宙""玄功万古""望重闾里""望重一乡""桃李满园""爱民如子""高山仰止"等。

"名垂宇宙"的匾额位于成都武侯祠的诸葛亮殿门上，匾额是由清代康熙皇帝的儿子爱新觉罗·允礼所提。武侯祠的匾额和对联众

武侯祠"名垂宇宙"匾额

■ 湄洲妈祖祖庙"毓秀坤元"匾额

禹　姒姓，夏后氏，名文命，号禹，后世尊称其为大禹。他是夏后氏首领、夏朝第一任君王。他是我国传说时代与尧、舜齐名的贤圣帝王，他最卓著的功绩，就是历来被传颂的治理滔天洪水，又划定我国国土为九州。大禹为了治理洪水，长年在外与民众一起奋战，置个人利益于不顾，治水13年，耗尽心血与体力，终于完成了这一件名垂青史的大业。

多，而最著名的便是这块"名垂宇宙"古匾。

"玄功万古"是颂扬我国古人大禹功德的，"玄功万古"匾额位于湖北宜昌黄陵庙禹王殿的正门处。

在此正门处，有两块古匾，一为"玄功万古"，是明惠王朱常润所题，边框浮雕游龙，飞金走彩，颇为富丽；一为"砥定江澜"，是清爱新觉罗·齐格所题，装潢庄重典雅。

在我国，人们除了对诸葛亮和大禹等人非常仰慕之外，在生活中，人们对自己周围为百姓帮忙的人，也会赠送一些功德类匾额。

在河南省洛阳新安县铁门镇的蔡庄，有一位名叫王金铎、字子振的人，他在世时，经常帮扶乡里百姓，出资助学兴教，支持商贾发展，德高望重。

为此，人们先后为其赠送了"行重闾里""急公兴学""望重商贾"三块功德匾额。

其中，"行重闾里"匾额长1.34米，宽0.80米，上款为"大德望、登仕郎子振王先生懿行"，下款为"光绪庚寅年嘉平月，诸亲族立"。此匾四周边框还雕刻五福捧寿、双狮戏绣球等图案，装饰华丽精美。

"急公兴学"匾额长1.66米，宽0.72米，上款为"花翎四品衔、在任候补直隶州知州、河南巡抚部院营务处、新安县正堂曾，为从九王金铎立"，下款为"宣统二年岁次庚戌四月榖旦"。此匾朴素大方，匾文中上方还雕刻有官印。

"望重商贾"匾额长1.3米，宽0.72米，上款为"登仕郎振翁王老先生懿行"，下款为"大清宣统三年菊月谷旦，同心社全立"。

这些匾额至今保存在王金铎生活的蔡庄，它们是人们对王金铎美好品德和行为的一种褒扬。

"行重闾里"匾额立于1890年。匾额主人王子振在清朝末年曾经做过登仕郎这种从九品的文散官，因

知州　我国古代官名。宋以朝臣充任各州长官，称"权知某军州事"，简称知州。"权知"意为暂时主管，"军"指该地厢军，"州"指民政。明、清代以知州为正式官名，为各州行政长官，直隶州知州地位与知府平行，散州知州地位相当于知县。

107

古建眼睛

古代匾额

■ 乔家大院匾额

为德高望重，所以被尊为"大德望"。

"急公兴学"匾额立于1910年，它的特别之处在于题匾人的地位较高，由当时主掌新安县政务的曾知县题写。

根据史料记载，这位曾知县名叫曾炳章，此人学识渊博，思想开放。他在清末虽然职位较低，但品级甚高，被赏赐花翎顶戴，官居四品衔。他之所以为王金铎赠送"急公兴学"匾额，主要是对他热心公益、支持办学的行为予以表彰和弘扬。

"望重商贾"匾额立于1911年，这是由一个名为"同心社"的商会成员共同敬献给王金铎的，据说是因为王金铎对当地的商业发展也出过不少力。

有美必彰，有善必扬。正是因为王金铎先生拥有了种种美好的品行，他才获得了一块块熠熠生辉的功德匾额。

阅读链接

历史上，为王金铎先生赠匾额的既有邻里乡亲、政界官员，又有商界成员，那么，他到底是一个什么样的人物，受到了这么多的人的好评呢？

原来，这王金铎是清朝末年当地的一位名人，他的父亲名叫王东川，家境殷实，是一名武秀才，曾做过登仕郎这一低微小官。王金铎长大后，继承父业，耕读传家，同时到县城管理盐务，渐渐使家业越来越大，兴盛异常。

王金铎虽然善于经营，家中田地甚广，但并不爱财，常怀仁义之心，多方帮贫助困。

蔡庄村原有两所学校，简陋不堪，师资薄弱，许多穷苦人家的孩子都无法前去读书。为村中百姓长远考虑，王金铎除了拿出钱物，对这两所学校进行了全面整修，同时还将村西沟内自家的数十亩好地划出来，悉数捐献给了学校。

正是因为王金铎经常做好事，帮助身边的人，所以才使得各界人士均为他赠送功德匾额。

用来赞颂女性的贞节贤孝匾

　　匾额讲究的是内容的意境及文采，它集中表现了我国古代文化的价值观和审美观。在封建社会，那些维护封建伦理道德、政治规范政绩显著者，多被赏以匾额，称"扁表"。

"节孝动天"匾额

云纹 是我国古代青铜器上一种典型的纹饰。云纹的基本特征是以连续的"回"字形线条所构成，作为圆形的连续构图，单称为"云纹"，与雷纹常作为青铜器上纹饰的地纹，用以烘托主题纹饰。也有单独出现在器物颈部或足部的。

《后汉书·百官志》里说：

三老掌教化。凡有孝子顺孙贞女义妇，让财救患，及学士为民法式者，皆扁表其门，以兴善行。

也就是说，在我国古代，获得官府或百姓的匾额是一种很高的荣誉。在这些匾额中，有为民做出重要贡献的表彰类匾额，也有维护封建伦理的匾额，这里的贞节贤孝类匾额便是这种匾额的体现。

贞节贤孝类匾额主要是用来赞颂女性或者表彰烈女节妇的，它们主要针对的对象是古时能够做到坚贞不二、从一而终，或者贤惠而又孝顺的女性。

■ "节孝祠"匾额

这类匾额是对我国古人恪守封建伦常、政治规范起警策、训诫和宣传作用的表现，如"母节子孝""孝慈勤俭""贞媲孟母""奉旨节孝"等。

这类匾额一般放置在家族祠堂的正门处，或者是修建在一些牌坊上。

"母节子孝"匾额在广东省兴宁黄陂镇古村的中山公祠堂的正门横梁上，这是为当地的石家媳妇刘氏和其儿子石介夫所题。

此匾额是一方长2米，宽0.8米，字径0.4米的黑地金字木质匾额，匾文为明代"吴中四才子"之一祝允明于1519年所写，匾额的四边边框装饰有金龙盘云纹。

匾额中间的"母节子孝"几个大字，是以楷体字书写，用笔矜贵，格韵劲练兼胜，雍和之气逼人，是祝允明书法艺术的难得之作。

据说，黄陂镇石氏第四世祖石昂娶妻刘氏后不久病逝，刘氏诞下遗腹子石介夫，孀居守节，靠辛劳耕作把介夫抚养成人，授之以书。

■ "奉旨旌表"匾额

介夫笃学不倦，终不负母望，年纪轻轻便考得功名。当时的知县是吴中四才子之一的祝允明，他对介夫非常赏识，有意委以官职，但介夫婉言推却，宁愿留家侍母。祝允明有感于刘氏的贞德与介夫的孝义，便亲自题写了"母节子孝"四个字颂扬。

后来，刘氏母子的感人事迹也因为祝允明的表彰而流传于世，受人敬仰。

在我国，除了刘氏母子得到的这块"母节子孝"匾额，其他各地也有很多的贞节贤孝类匾额。如在浙江省舟山市定海白泉田中央王氏祖堂里，就高悬着一块清光绪皇帝钦旌"节孝"匾额。

这块匾额底色为灰黑，额中上方直书红色的"圣

教化 是一种政治、道德和教育三者有机结合的统治术。它把政教风化、教育感化、环境影响等有形和无形的手段综合运用起来，既有皇帝的宣谕，又有各级官员面命和行为引导，还有立功德碑、树牌坊、传播通俗读物等多种形式，向人们正面灌输道理，又注意结合日常活动使人们在不知不觉中达事明理。

旨"两字，中间是"钦旌"两个泥金大字，匾额的两旁各有一行泥金隶书：右边是"头品顶戴陆军部侍郎浙江巡抚部院提督军务节制水陆各镇兼管两浙盐政增为"，左边是"光绪三十四年岁次著雍涒滩厥律应钟之吉故濡士王荣琮妻陈氏立"。

据《王氏宗谱》记载，此匾额的主人为王荣琮的妻子陈氏。

王荣琮，生于1833年，成年后，生有一子一女。其妻陈氏嫁给王荣琮后，28岁就守寡，当时其子昌颐才4岁，女儿刚出生不久。陈氏一心一意秉持家政，含辛茹苦，将子女抚养成人，成家立业，子昌颐后为国学生。

在陈氏65岁时，光绪皇帝颁旨表彰陈氏守节的美德，并为她御赐了这块"节孝"匾额。

另外，我国的贞节贤孝类匾额以建立在牌坊中间的坊额居多。

阅读链接

王氏祖堂里的"节孝"匾额上，左边上的"岁次著雍涒滩厥律应钟之吉"这一行字从字面意思上来讲有点难以理解，其实是古人表示年月日的一些说法。

其中，"岁次"是我国传统的表示年份的用语。我国古代以岁星纪年，每年岁星所值的星次与其干支称为岁次。"著雍"即戊，"涒滩"即申，《尔雅·释天》："岁在戊曰著雍。""〔太岁〕在申曰涒滩。"

而古人又把乐律和历法联系起来，依照《礼记·月令》，一年12个月正好和十二律相适应，"孟冬之月，律中应钟。"应钟与十月相应。至于"厥律应钟"的"厥"在这里大概是"这、那"之意；"吉"即"初一日"。

加在一起，"光绪三十四年岁次著雍涒滩厥律应钟之吉"即为光绪三十四年戊申年十月初一日，也就是1908年。

悬挂在庙宇门前的寺庙匾额

　　我国古代的寺庙类匾额主要指寺院、庙宇正门或者大殿门上悬挂的匾额，这类匾额在我国各地的寺庙门前非常常见。

　　其中最著名的有辽宁省义县的"大雄殿"匾、福建省泉州的"正气"匾、广东省广州的"六榕"匾、山西省应县的"释迦塔"匾、广

河南省嵩山的"少林寺"匾额

■ 奉国寺"大佛寺"
匾额

奉国寺 在辽宁省义县城内东街路北。创建于1020年，是世称释迦牟尼转世的辽朝圣宗皇帝耶律隆绪在母亲萧太后的"家族封地"所建的皇家寺院。初名咸熙寺，后易奉国。原建有山门、伽蓝堂、东西廊庑、东三乘阁、西弥陀阁、观音阁、大雄宝殿、法堂等。

东省海康的"天宁古刹"匾、湖北省丹江口的"金殿"匾、河南省嵩山的"少林寺"匾和湖南省湘潭的"大唐兴寺"匾等。

义县的"大雄殿"匾额在辽宁省锦州市义县城内奉国寺的大雄宝殿正门上。

这里的大雄宝殿又称大雄殿，是奉国寺的主殿。"大雄"是释迦牟尼的德号。

悬挂在这座主殿上的"大雄殿"匾额，高3.05米，宽1.52米，是一块巨大的木质竖匾，而且上面是字是蓝底阳刻的金字，字体外形润美，笔力沉着雄浑，功力深厚，堪称是书法名作。

在这块匾额的四边，还透雕着六条龙饰，上边一龙翘首俯视，龙体则隐现在舒卷云朵之中；下边一龙昂首仰望，龙身又浮沉在翻卷海涛之间。

两竖边则各镶二龙，四首昂起，左右相对，其雕工精细，玲珑剔透，生动形象，活灵活现，充分体现出了制作工匠的精湛技艺。据说，这六条龙之所以如此配置，是象征天地四方，寓含六合之意，这实在是一种妙不可言的技术处理。

泉州"正气"匾额在泉州涂门街中段北侧关帝庙正殿大门上。此门有三块匾额，一块写着"正气"，一块写着"充塞天地"，一块写着"鼎汉立宋"。

其中，写有"正气"的匾额是南宋理学家朱熹题书，此字为颜书法度，继续道统，下笔沉着典雅，点画波磔，虽疾书迅毫，但严守矩矱。

另外，"充塞天地"匾额为明代书法家张瑞图书写，"鼎汉立宋"则为近代学者蔡浚题写。

广州的"六榕"匾额在广州市六榕路的六榕寺寺门处，此匾额为北宋文学家苏东坡当年为寺庙题字。据说，六榕寺本来叫净慧寺，1100年，苏东坡路经广州时来到净慧寺游览，他见寺院内植有六棵苍翠成荫的古榕树，便欣然写下了"六榕"两字。

后来，寺院僧人因敬重苏东坡人品，便将其留下的"六榕"墨宝刻成木匾，悬挂在山门之上，并将净慧寺改名为"六榕寺"。

不过，六榕寺山门上的那块"六榕"木质匾额早已不在，现存的为后人复制。匾额长

僧 是梵语"僧伽"的简称，意译为"和合众"，即指信奉佛陀教义，修行佛陀教法的出家人，亦指奉行"六和敬"，"和合共住"的僧团。它的字义就是"大众"。僧伽是出家佛教徒的团体，至少要有四个人以上才能组成僧伽。所以一个人不能称僧伽，只能称僧人。

■ 泉州关帝庙"正气"匾额

1.7米，宽0.98米，上面的字体仍然是"苏体"字样。

应县的"释迦塔"匾额在应县县城西北的佛宫寺释迦塔的第三层外檐南，位置恰在释迦塔塔身中部，呈长方形。这是一块长2.65米，宽1.7米的长方形匾额，其构成与宋李诫在《营造法式》中所列举的"花带"匾额极为相似。

匾额正中竖刻三个双钩黑字，颜体楷书，浑厚遒劲有力，由金代"昭信校尉西京路盐使判官王献书"。匾面除了主要的"释迦塔"三个大字之外，还有附236字的阴刻题字，通过这些题记，人们不仅可以得知作匾时间为1194年，最晚题记为1471年，前后历时长达277年之久。

此外，释迦塔上除了这块最具代表性的匾额，塔内外其他还有数十块匾额，有明成祖朱棣所书的"峻极神功"，还有明武宗朱厚照所书的"天下奇观"，以及写有"天宫高声"和"正直""天柱地轴"和"万古观瞻"等字样的匾额。

这些匾额不仅文辞精练，寓意贴切，而且书法遒劲，气势轩昂，堪称文学和艺术上的珍品，而且也是木塔修缮历史和重要活动的珍贵史料。它们将古塔辉映得更加辉煌绚丽。

六榕寺匾额

海康的"天宁古刹"匾额在广东海康县海城镇的天宁寺大门门额上，由我国明代著名清官海瑞所题。这块石匾，长2.1米，宽0.65米，字径0.45米，匾额四周装饰有雕塑图案，匾内并无上款，下款有"海瑞书"三个字。

匾文"天宁古刹"这四个楷体

字，行笔迟涩，拙扑遒劲；构字骏雄沉毅而没有晦滞之色，殊属可贵，其作品特色可以远追唐代书法家颜真卿和柳公权。

据说，书写此匾额的海瑞本是海南琼山县人，他历任浙江安西知县、户部右侍郎、南京右都御史等职。他每次回故乡琼山时，都要经过雷州天宁寺。

一次，在明嘉靖年间时，海瑞又一次经过这座寺庙时，便写下了这块著名的匾额。这块匾额保存至今，仍非常完整，是天宁寺的镇寺之宝。

■ 应县释迦塔上的匾额

湖北丹江口"金殿"匾额在湖北武当山天柱峰顶端的铜铸鎏金金殿大殿檐下，是一块通高0.55米、宽0.42米，而且和大殿材质一样的鎏金竖匾。匾额中间写着"金殿"二字，四周斗边上铸有浮雕龙宝珠。

据说，位于武当山主峰的这座金殿其全部构件都是在京城里铸造，并经过明成祖朱棣亲自验收后，才由皇帝敕都何浚用皇家专船护送，由运河经南京溯江进入汉运至武当山安装而成。

整座金殿坐西朝东，指向太阳升起的方向，由于高高耸立在武当山巅峰之上，每当太阳东升时则金光闪烁、耀人眼目。

海瑞 广东琼山人。明朝著名清官。历任知县、州判官、尚书丞、右金都御史等职。为政清廉，洁身自爱。为人正直刚毅，职位低下时就敢于蔑视权贵，从不谄媚逢迎。他一生清贫，抑制豪强，安抚穷困百姓，打击奸臣污吏，因而深得民众爱戴。

当然，作为这座金殿的点睛之笔还是那方光彩夺目、霞光万道的"金殿"匾额，特别是那两个楷书"金殿"，更是被人称为是楷书中的精品。据说，这块匾额由明朝太监李瓒监制而成，上面的"金殿"两字是明成祖亲自动手书写，可谓是非常珍贵。

当然，在我国，除了这块金殿匾额为我国古代帝王亲自题写，其他还有一些由帝王亲自题写的寺庙大殿匾额，如我国河南嵩山的"少林寺"匾额据说就是出自清代皇帝康熙之手。

这块匾额在彩绘斗拱、朱门雕栋、气宇轩昂的少林寺山门上方，是一块长方形黑底金字横式匾额，匾中间书写"少林寺"三个闪闪发光的斗大金字，匾正中上方刻有"康熙御笔之宝"六字印玺。据说，这块匾额是1704年御题颁赐，至今已有300多年的历史。

另外，在我国各地寺庙内，还有很多著名的匾额，他们有的是我国古代书法大家所题，有的是我国古代帝王所题，这些匾额是我国古代文化研究的重要材料，它们为我国古代文字研究提供了重要实证。

阅读链接

虽然很多人认为嵩山少林寺的"少林寺"匾额出自康熙皇帝之手，但是也有另外一种说法认为，康熙帝从未到过少林寺，山门高悬"少林寺"匾额是从康熙手书文章中选取出来拼合而成，也就是所谓的集字。少林寺借清圣祖的字传名，清圣祖因少林寺借字宣威，这就叫两全其美。

但另一种说法又说，匾额上的三个字本是康熙所写，但1928年军阀混战中，一场大火把牌匾上的"少"字烧得了无痕迹。据传，当时一位俗姓钱的僧人，自称是唐代书法家怀素的后代，好书法。于是，他便模仿着康熙的笔法修复了这块匾额。当他把写好的"少"字与"林""寺"两字放一块时，僧人都称赞三个字如同出自一人之手。

多用于楼阁建筑的楼阁类匾

楼阁类匾额指主要悬挂在古代楼阁式建筑上的匾额，如"滕王阁""望月亭""望江楼"等，其中，最为著名的有天津市蓟县"观音之阁"、江西省南昌"滕王阁"、浙江省宁波"宝书楼"、山东省"蓬莱阁"和福建省漳浦"完璧楼"等。

蓟县"观音之阁"匾额在天津蓟县城内西大街独乐寺的主建筑观音阁檐上。

这座观音阁面阔五间，进深四间，是一座外表两层实为

■ "望江楼"匾额

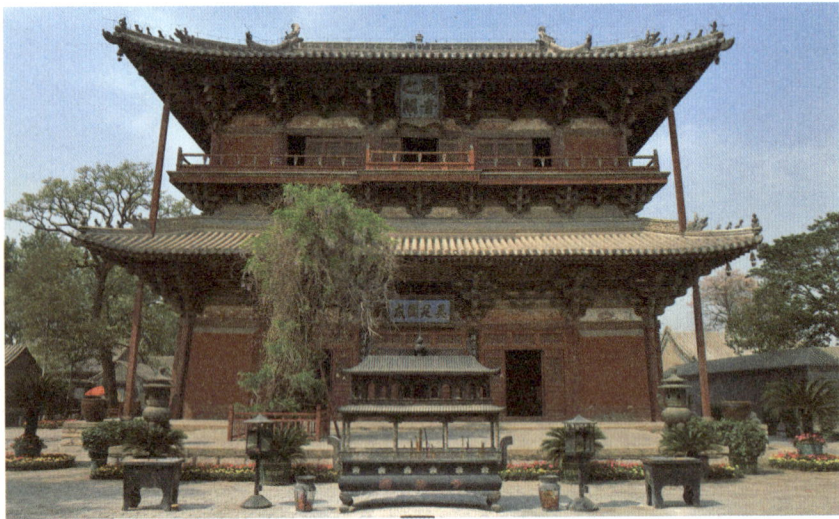

■ 独乐寺"观音之阁"匾额

李白 字太白，号青莲居士，唐朝诗人，有"诗仙"之称，我国唐代伟大的浪漫主义诗人。李白一生不以功名显露，不畏权势，藐视权贵，写了许多具有晶莹剔透的优美意境的诗。在盛唐诗人中，兼长五绝与七绝。

三层的木构建筑，整座建筑主要围绕一尊高约16米的观音塑像而建造的。"观音之阁"匾额便高悬在观音阁正面上层明间的前檐下。

这是一块蓝底金字塔形匾额，这种形式的匾额在《营造法式》中被称为"花带牌"。该匾额心宽1.63米，高2.08米，每字径约一米。其字笔法古劲而略拙，结构宽厚，线条丰润，富有弹性，多用转笔，笔力坚实徐缓。

就字体感觉而言，笔意端重，笔势矜持，但气韵和睦安详，不激不厉，风规自远，颇似唐人笔风，特别是其巧妙的布局，丰富的表现手法，都恰到好处地烘托出了高堂殿宇的宏伟气魄。

在"观音之阁"左下角，还写着"太白"两个小字，为此，人们认为，这块匾额上的题字为唐代诗人李白所写，但也有人认为这明代书法家李东阳所做。

南昌"滕王阁"是我国江南三大名楼之一。它是我国南方唯一的皇家建筑，位于南昌市西北部沿江路赣江东岸。整个建筑群是我国古代建筑艺术独特风格和辉煌成就的杰出代表，象征着我国五千年历史积淀的文化、艺术和传统。

这座古老的建筑始建于653年，因唐太宗李世民之弟李元婴始建而得名，因初唐诗人王勃诗句"落霞与孤鹜齐飞，秋水共长天一色"而流芳后世。在这座名楼内，有一著名的楼阁类匾额"滕王阁"匾。

此匾额高悬在滕王阁的最顶层第六层屋檐下，是一块长4米，宽1.6米的巨型大匾。

匾额为木质蓝底金字，匾额四周为红色，另刻金龙为饰，显得稳重而大气。匾额中心是金光闪闪的"滕王阁"三个大字，据说，这是选自北宋书法家苏轼手书的《滕王阁序》拓本而成。这三个大字用笔均匀，架构稳健，是不可多得的书法佳作。

在"滕王阁"大字的上款处，还写有"己巳重阳立"几个小字，左下角还有两方印鉴，一说"轼"，一说"眉山之印"，皆为篆书，均出自苏轼手书的《滕王阁序》拓本。

在滕王阁上，除了这块最具特色的金字匾额之外，在其他五层的屋檐下，分别还有"西江第一楼""俊彩星驰""江山入座""水天空

江南三大名楼

分别为湖南省岳阳市的岳阳楼、江西省南昌市的滕王阁和湖北省武汉市的黄鹤楼。其中，岳阳楼耸立在岳阳市西门城头、紧靠洞庭湖畔，为三国东吴始建。现存建筑为1879年重建。黄鹤楼位于武汉武昌长江南岸蛇山峰岭之上，享有"天下绝景"之称。

■ 滕王阁正楼匾额

"宝书楼"匾额

郡守 我国古代官名。郡的行政长官，始置于战国。战国各国在边地设郡，派官防守，官名为"守"。本系武职，后渐成为地方行政长官。秦统一后，实行郡、县两级地方行政区划制度，每郡置守，治理民政。汉景帝于公元前148年，改称太守。明清则专称知府。

霁""栋宿浦云""朝来爽气""东引瓯越""南滇迥深""西控蛮荆"和"北辰高远"等匾额，这些匾额将古老的滕王阁衬托得更加壮观而雄伟。

我国的"宝书楼"匾额位于宁波市区月湖之西的天一阁内的藏书楼内。

天一阁是我国现存最古老的私人藏书楼，也是世界上现存历史最悠久的私人藏书楼之一。始建于1561年，建成于1566年，原为明兵部右侍郎范钦藏书处。

藏书楼一楼为读书会友之用，六开间，偏西一间设有楼梯。楼上为一大开间，以书橱相隔，橱柜深棕色，高盈两米，前后开门，两面贮书。中间区域上方便是黑底金字的"宝书楼"匾额。

这是一方长1.09米，宽0.8米的匾额，中间是"宝书楼"三个大字，上款为"守郡前柱史东粤王原相于"，下款署"隆庆五年岁次辛未季冬吉旦立"。

从匾额上的题字可以看出，此匾额为天一阁修成后的第四年由范钦的好友郡守王原相所题，"宝书楼"三个字，笔法淳厚，严谨端正，称得上是楷书中的楷模。

建于北宋嘉祐年间的蓬莱阁是我国古代登州府署所在地，也是我国古代传说中的八仙过海之地，号称"人间仙境"。在这座著名建筑上，有许多的匾额楹联，尤以清代大书法家铁保书的"蓬莱阁"金字巨匾著称。

这块匾额在蓬莱阁主体建筑的二层内北壁上方，匾额的正中写着"蓬莱阁"几个大字，匾额的上款写着"嘉庆九年甲子七月之吉"，下款写着"铁保书"几个小字，一旁还有两个铁保的印章。

其中，"蓬莱阁"三个大字为楷体，风格苍郁饱满，堪称蓬莱阁的点睛之笔。

阅读链接

历史上的蓬莱阁，是历代文人荟萃之地，碑刻匾额琳琅满目，后因世事变迁，尤其是抗日烽火和解放战争的洗礼，绝大多数匾额楹联毁于战火。至建国初期，蓬莱阁上所存的木制牌匾楹联已寥寥无几，只有"蓬莱阁"匾额得以保全，就此成为蓬莱阁古建筑群中旧有仅存的唯一匾额。

虽然如此，在20世纪60年代中，此匾额又曾经过一些人为的破坏。我国现存蓬莱阁建筑上的这块匾额中的上款和下款题字，均为20世纪80年代初期补上的。其上、下款识后补的字体与铁保的传世作品出入颇大，尤其是下款"铁保书"三个字的上下空白处，有的字迹和两枚印章的痕迹似乎还隐隐可见。

用于书院内外的书斋类匾额

　　我国书斋类匾额主要是指用于书院或者书房内外的这类匾额，这类匾额最为著名的有湖南省长沙"岳麓书院"匾、福建省泉州"小山丛竹"匾、江西省庐山"白鹿洞书院"匾、浙江省绍兴"一尘不到"

岳麓书院

■ 岳麓书院牌匾

匾和湖南省益阳"印心石屋"匾等。

　　岳麓书院位于长沙市湘江西岸的岳麓山风景区，为我国古代著名四大书院之一。书院始建于976年，至今已有1000多年的历史。

　　在这上千年来，这所誉满海内外的著名学府，历经宋、元、明、清代时势变迁，晚清改制为湖南高等学堂，1926年正式定名为湖南大学。

　　岳麓书院属于后来形成的湖南大学中的一部分，在整个书院内，最为耀眼的，便是书院正门处那块在北宋年间由宋真宗皇帝御赐的"岳麓书院"匾额了。

　　据说，此题字是当年宋真宗召见书院山长周式时所御赐的，随后被镌刻制匾额悬挂在书院山门之上，明代又刻石嵌于岳麓书院的外门牌楼上。

　　书院内现存的这块木质黑底金字匾额，是后人依照明代遗存的石刻复制而成的，是一块长3.4米，宽

宋真宗 宋朝第三位皇帝，名赵恒，宋太宗第三子，997年继位，在位25年。在其统治时期治理有方，北宋的统治日益坚固，国家管理日益完善，社会经济繁荣，北宋比较强盛，史称"咸平之治"。宋真宗统治后期，信奉道教和佛教，修建了许多寺庙。

朱熹（1130年—1200年），南宋著名的理学家、思想家、哲学家、教育家、诗人，闽学派的代表人物，世称朱子，是孔子、孟子以来最杰出的弘扬儒学的大师。他创立了宋代研究哲理的学风，称为理学。他的一生志在树立学，使之成为统治思想。但因理学初出，影响不深。同时，朱熹在官场上因品性耿直而得罪权臣，致使朱熹晚年落得一个悲剧的结局。

■ 白鹿洞书院侧门

1.3米的匾额，这块匾额结构缜密，方正庄严。

字体圆劲润道，笔法舒展流畅，刚柔相兼，气势恢宏，风格古朴，人们依然能从这字体中感受到宋真宗皇帝的书法之精妙，是我国书法艺术的珍品。

泉州"小山丛竹"匾额在泉州模范巷与县后街交界处的城隍庙东侧的小石坊上。但事实上，"小山丛竹"这个名称其实是一座书院的名称，在北宋时，放置这块匾额的地方是一座民间书院。

据说，1151年，一代名儒朱熹出任泉州同安县主簿兼领学事时，因为经常到泉州各地讲学，从而发现了这间民间书院，便亲自题写了"小山丛竹"，从此，这座书院便被称为"小山丛竹书院"了。

后来，人们把朱熹的题字刻成了书院匾额，放置在书院的大门门额。经过历史的变迁，这座书院最终毁于战乱，但门额上的珍贵匾额却保存了下来。

于是，人们又为这块匾额修成了"小山丛竹"牌坊，并将"小山丛竹"匾额放置在牌坊上。这是一方宽3.75米，高3.7米的台式匾，两侧为花岗岩立柱，嵌辉绿岩坊额，正面刻有朱熹"小山丛竹"和"晦翁书"墨迹，字体为行楷，笔势迅疾，沉着典雅。

庐山的"白鹿洞书院"位于庐山五老峰南麓，享有"海内第一书院"之誉。这座书院始建于南唐升元年间，它与湖南的岳麓书院、商丘旧城之东的睢阳书院和衡阳石鼓山上的石鼓书院并称天下四大书院。

据说，书院的创始人是唐朝的著名学者李渤，这里本是他少年读书学习的地方。后来，他在这里养了一只白鹿，因此人们又称他为"白鹿先生"。

940年，南唐政权在李渤隐居的地方建立学馆，称"庐山国学"，又称"白鹿国学"。这是一所与南京金陵监、北京国子监相类似的高等学府。北宋初

主簿 是典型的文官，典领文书，办理事务。汉始置，掌管文书簿笈，司空、丞相府及刺史的佐官中都设有主簿。有关史书叙及郡属官吏，常提到主簿。它是郡府重要官吏。主簿的官位虽次于功曹，但主簿在太守左右执掌文书及迎送宾客等亲近职事。

徐渭故居青藤书屋匾额

年，江州的乡贤明起等，在白鹿洞办起了书院，"白鹿洞书院"之名从此开始，但不久即废。

直至著名理学家朱熹重修书院之后，白鹿洞书院才扬名国内。朱熹不仅重修了白鹿洞书院，而且还建立了严格的书院规章制度。

不过，在这座书院内，最著名的"白鹿洞书院"匾额却是明代学者李梦阳书写的。据说，这位李梦阳在明弘治年间出任江西提学副史，当地学界因仰慕这位著名文学家之盛名，便经常邀请他到白鹿洞书院讲学和视察。

一次，当李梦阳到白鹿洞书院讲学时，恰好遇到当地知县在建立石坊，他便应邀提笔书写了"白鹿洞书院"五个大字。后来，人们便将他的题字刻成了一块石匾，放置在书院入口处的门楣之上。

这块匾额是一方长2.3米，宽0.46米的阴刻楷书青石匾，正中是李梦阳所题的"白鹿洞书院"五个大字，上款题有"明正德七年仲冬月吉旦"，下款分署"李梦阳书"和"督洞推官巫之峦重修"。

其中，正中的"白鹿洞书院"大字，运笔潇洒，结构舒畅，为明代书法中的精品之作。

当然，我国的书斋类匾额不仅只在书院内出现，在我国古代很多的著名文人家中的书房里，也有很多的这类匾额。如绍兴的明代戏剧家徐渭的故居泉州书院内，便有一块著名的"一尘不到"匾额。

这是一块长1.16米，宽0.34米的横式木质匾额，匾额的正中阴刻着"一尘不到"四个行草大字。匾额的右上角刻有"与木石居"印章一枚，左旁落款则为"天池"两字以及两枚分别写着"徐渭之印"和"天池"的名章。

这些题字和印章都是徐渭亲自写下并盖上印章的。据说，徐渭是明代传奇式的文人，他一生才华横溢，在书、诗、画等都有杰出的造诣，但他傲视权贵，一生以"一尘不到"的理想境界自律，为此他的一生又非常坎坷，最终抑郁而不得志。

他留下的"一尘不到"题字，苍劲奔放、燥润相间，尽显了他"一尘不到"，拒达官贵人于门外的高贵品德。

此外，在他的书屋内，除了他亲自题写的这块"一尘不到"匾额外，还有一块由明末大画家陈老莲为他题写的"青藤书屋"匾额，这块匾额虽然经历了300多年的历史，依然非常清楚，同样也是我国明代书法中的精品之作。

阅读链接

据说，当年，在小山丛竹书院的旁边，还有一座祀"八闽文化先驱者"欧阳詹的不二祠。朱熹任同安县主簿兼领学事时，因为他非常敬重欧阳詹，便常到不二祠，并由此熟悉了小山丛竹书院，并为其题匾。

朱熹亲自手书的那块"小山丛竹"石碣在嘉靖重建、扩建小山丛竹书院时已失，于是，人们集朱熹壮年手迹重新镌之，又记其事于碑阴，改建为"小山丛竹"石牌坊。

另外，朱熹任同安主簿五年，期间，他在泉州一带留下大量足迹。现在泉州各地留存与朱熹相关的景点，古迹甚多，如泉州清源山、关帝庙、安海朱祠、东石朱文公祠、南安九日山、南安石井杨林书院、南安诗山书院、南安水头观海书院、祥芝芝山义学等，大多数是因他而建的书院，或纪念所在。

我国历史上三大著名匾额

我国是一个历史悠久的文明古国，匾额遍布神州大地。这些匾额既是著名建筑和风景名胜的点睛之笔，也是我国一种独特的，集建筑、文学、雕塑和书法等于一体的艺术形式。

晋祠望月楼匾额

我国有三块匾额中的精品，它们是河南省"留余匾"万里长城"山海关匾"和北京"正大光明匾"。

其中，"留余匾"现存于河南省巩义市康百万庄园，是康家庄园文化的象征。

该匾长1.65米，宽0.75米。造型犹如一面迎风招展的黄色旗帜，金底黑字。全匾共计174个字，除标题"留余"两字为篆书外，其余为字体流畅的行楷。该匾是同治年间进士牛瑄所题，制作于1871年。

■ 河南巩义康百万庄园"留余"匾额

该匾是康家第十五代庄园主康道平用来训示家中子弟的家训匾，是儒家"财不可露尽，势不可使尽"中庸思想的集中体现。"留余匾"形似一面展开的上凹下凸型旗帜。上凹意为：

上留余于天，对得起朝廷；

下凸意为：

下留余于地，对得起百姓与子孙。

匾上刻有南宁资政殿学士王伯大，号称留耕道人

康百万庄园又名"河洛康家"，位河南省郑州市下辖巩义市康店镇，始建于明末清初。康氏家族前后12代人在这个庄园生活，纵跨了400余年。是一处典型的17世纪至18世纪封建堡垒式建筑。它与山西晋中乔家大院、河南安阳马氏庄园并称"中原三大官宅"。

的"四留铭"：

> 留有余，不尽之巧以还能造化；留有余，不尽之禄还以朝廷；留有余，不尽之财以还百姓；留有余，不尽之财以还子孙。

匾上还留有明朝隐士高景逸所写：

> 临事让人一步自有余地，临财放宽一分自有余味……若辈知昌家之道乎？留余忌尽而已。

这些文字，翻译成白话文为：留耕大人王伯大的《四留铭》中说："留有余地，不把技巧使尽以还给造物主；留有余地，不把俸禄得尽以还给朝廷；留有余地，不把财务占尽以还给老百姓；留有余地，不把福分享尽以留给后代子孙。"

大概老天爷反对贪得无厌，做事过分。因为太过分了，没有不留下悔恨的。

明朝隐士高景逸说过："遇事让人一步，自然有周转的余地；遇

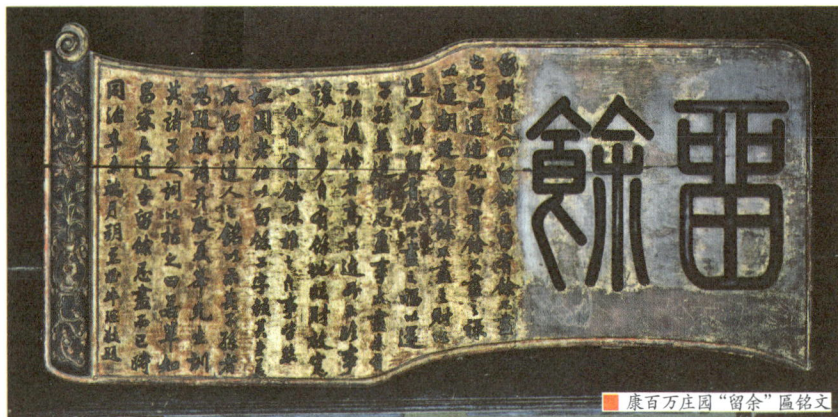

康百万庄园"留余"匾铭文

■ 山海关城楼匾额

到财务放宽一分，自然就有其中的乐趣。"推而言之，所有的事情都是如此。

坦园老伯把"留余"两字题于匾额，挂在堂上，大概就是采用留耕道人的《四留铭》来告诫他的后代子孙吧！为你们写这几句话，并取夏峰先生教训他儿子的话，概括起来说："你们这些后辈知道发家之道吗？那就是凡事留有余地，不做尽做绝罢了。"

百年来，正是因为拥有如此谦逊的家训，从明代至现代，河南郑州康百万家族有功名的人物412位，上自六世祖康绍敬，下至十八世康庭兰，一直富裕了12代，400多年。

这块"留余匾"保存至今，仍非常完整地悬挂在康百万庄园的主宅区，对研究我国封建社会处世哲学具有一定参考价值。

我国著名的山海关匾实际的名称为"天下第一

坦园老伯 即康家当时的当家人康坦园，是康百万庄园第十五代庄园主。他为了训示子弟，特选用黄杨木雕刻而成家训匾，约请同治年间翰林牛瑄题匾。应该说，留余匾是康坦园创意的。匾文作者即题匾人牛瑄，系武状元牛凤之子。牛瑄，字荔庵，他的字画时称一流。

靖边楼 也称东南角楼、东南台。位于山海关城的东南隅，是山海关城的防御性建筑。始建于明初，1479年、1587年、1611年分别重修过。为二层砖木结构，平面呈曲尺形。总面积658、4平方米，楼高13.47米，歇山式九脊生檐顶。楼内上下两层有木梯相通。

■ 山海关城楼上"天下第一关"牌匾

关"匾额，它位于我国明代长城的东北起点第一关箭楼二层正面。

山海关古称榆关，也称渝关，又名临闾关，1381年，明朝开国军事统帅徐达中山王奉命修永平、界岭等关，在此创建山海关，因其北倚燕山，南连渤海，故得名山海关。

整个山海关城池与长城相连，以城为关。整个城池以"天下第一关"箭楼为主体，辅以靖边楼、牧营楼和临闾楼等建筑。

这块"天下第一关"巨匾长5.8米，宽1.55米，上刻阳文"天下第一关"五个大字。其中"一"字长1.09米，繁写的"关"字竖长1.45米。"一"字一笔不显单薄，"关"字多笔不显臃肿。

匾上"天下第一关"五个大字，每个字结构讲究，布局章法得当，笔力沉雄，与形势相称，大有镇关之风，为关口增添了威严和光辉，也道出了关口的战略地位。

在这座山海关箭楼上，有三块木质匾，其中有两

块是后来摹刻的。一为1879年王治摹刻，二楼外悬挂的是1920杨宝清摹刻。摹刻匾原有落款，后被油漆涂盖。原匾悬于一层楼内。

那么，最原始的"天下第一关"匾额到底谁所写呢？有史料可查的有1878年编撰的《临榆县志·建置编·城池卷》记有：

"天下第一关"相传明肖金事显书。

1920年临榆县令周嘉琛的《重修第一关旧额记》中又说：

有额曰"天下第一关"笔力沉雄，与形势相称，游者相传为严分宜（严嵩）手迹。

那么，最原始的"天下第一关"匾额到底出自谁手呢？还需要后人的继续研究。

我国著名的"正大光明匾"高悬在北京故宫乾清宫正殿内中央。

据说，匾额上面的字是清朝入关后第一个皇帝世祖顺治福临的笔迹，经康熙皇帝临摹后悬挂在这里的。

乾清宫是坐落在故宫古建筑群中轴线上的一座重要宫殿，是明清两朝历代皇帝的正寝。"正大光明"是清朝皇帝标榜的祖训格言，康熙帝临摹后命人挂在皇宫正宫最高处，是将其作为立身齐家、治国、平天下的基本准则。

这块"正大光明"匾额为墨拓木框纸匾，匾长4.4米，宽1.3米。"正大光明"四个字书于正中，上款为"皇考世祖章皇帝御笔书正大光明……康熙五十七年吉诞恭跋"，旁边有"广运皇帝"印迹一方，下款为"皇曾祖世祖章皇帝御笔匾额……乾隆六十二年冬月恭跋"，旁边并印有一方"太上皇帝之宝"玺印。

匾额上的字体为行书，用笔结构肥厚丰满，其撇捺随意拖出，逸气横霄。正中的"正大光明"四个大字，结构苍秀，超越古今，为我国清代书法作品中的精品之作。

阅读链接

乾清宫悬挂的"正大光明"背后还藏有决定太子命运的"建储匣"。

在清代，皇子之间夺取皇位的明争暗斗相当激烈。

为了缓和这种矛盾，自雍正朝开始采取秘密建储的办法，即皇帝生前不公开立皇太子，而秘密写出所选皇位继承人的文书，一份放在皇帝身边；一份封在"建储匣"内，放到"正大光明"匾的背后。

皇帝死后，由顾命大臣共同取下"建储匣"，和皇帝密藏在身边的一份对照验看，经核实后宣布皇位的继承人。乾隆、嘉庆、道光、咸丰四位帝，都是按此制度登上宝座的。至清代后期，由于咸丰皇帝只有一个儿子，同治和光绪皇帝没有儿子，这种秘密立储的办法便逐渐失去意义。

石刻古籍

古代碑石

　　碑石，具有浓烈的东方色彩和极高的文化价值，长期以来，它一直影响着我国的文化、历史、考古等众多学科。在我国古代，它一般以纪念碑、书法碑刻和墓葬用品等形式呈现。

　　碑的结构一般分为碑首、碑身、碑座三部分。碑首主要刻些碑名，或仅起装饰作用；碑身刻写碑文；碑座起承重和装饰作用。明代以后，将碑座改成似龟非龟的样子赑屃，传说它是龙的九子之一，善于载重。

作为纪念物或标记的竖石

　　碑石就是把功绩勒于石上，以传后世的一种石刻。我国东汉许慎的《说文解字》中解释它为"竖石"，是一种作为纪念物或标记存在的石头。这种石头多镌刻文字，意在垂之久远。

　　据说，这种竖石大约在周代便已经出现，当时的碑，多在宫廷和宗庙中出现，但它与后来的碑石功能又有所不同。

　　在那时，宫廷中的碑是用来根据它在阳光中投下的影子位置变化，推算时间的；宗庙中的碑则是作为拴系祭祀用的牲畜的石柱子。史载：

官必有碑，所以识日景，引阴阳也。凡碑引物者，窔用木。

至汉代时，这种竖石又具有另外的一种功能，就是用作举行葬礼的葬具。由于当时贵族官僚墓穴很深，棺停运到墓旁边时，往往在墓的四角设碑，于是，便有了墓碑的出现。

汉代经学大师郑玄注：

丰碑，斫大木为之，形如石碑，于停前后四角树之，穿中，于间为鹿卢，下棺以缲绕，天子六缲四碑。

这里的"丰碑"是砍大木头做成的，形同石碑。棺停下葬时，在墓穴四角各设置一个，碑上有圆形穿孔，孔中系绳，绳子一头绕在轳辘上，一头系在棺椁上，将棺椁平稳地放入墓穴之中，殡仪结束后，这种木碑往往就埋葬在墓穴中。

为此，也可以说，我国的墓碑是起源于古代用作牵引棺椁下葬用的"丰碑"的。它最初是木质，没有文字，从汉代起，人们为缅怀逝者生前的业绩，便利用现成的木碑，在上面书写逝者的生平事迹以及歌功

郑玄 东汉经学大师、大司农。他曾入太学攻《京氏易》、《公羊春秋》及《三统历》、《九章算术》，最后从马融学古文经。他遍注儒家经典，以毕生精力整理古代文化遗产，使经学进入了一个"小统一时代"。为汉代经学的集大成者。

河北正定隆兴寺石碑

颂德之辞，碑首中间仍凿有圆孔，叫"穿"，这样，墓碑便正式形成了。

由于当时的墓碑多是木质的，所以能够保存下来的汉代石碑非常之少，现存最早的墓碑是公元前26年的《鐪孝禹碑》，碑文写道：

河平三年八月丁亥平邑里鐪孝禹

该碑是1870年时，在山东发现的。碑高1.45米，表面粗糙，未经磨光。

东汉时期，重视厚葬，墓碑风行。至汉代以后，刻碑的风气逐渐普及，几乎处处刻碑，事事刻碑。有山川之碑、城池之碑、宫室之碑、桥道之碑、坛井之碑、家庙之碑、风土之碑、灾祥之碑、功德之碑、墓道之碑、寺观之碑、托物之碑等。

南朝梁时刘勰《文心雕龙》也写道："自后汉以

刘勰 我国历史上著名的文学理论家。他曾担任过县令、步兵校尉、宫中通事舍人，颇有清名。虽任多官职，但其名不以官显，却以文彰，一部《文心雕龙》奠定了他在我国文学史上和文学批评史上不可或缺的地位。

来，碑碣云起。"

不仅王公贵族墓前树碑，就连一般的庶民百姓乃至童孩墓前也树碑，如《隶释》记载有《故民吴仲山碑》，《蔡邕集》有《童幼胡根碑》。

这一时期的墓碑制作精致，大多经过磨光。碑首尖的叫"圭首"，圆的叫"晕首"，碑首中间有圆形穿孔。

有的碑有"穿"，如江苏省南京溧水东汉"校官碑"；有的碑首还浮雕出龙纹，如东汉晚期四川省雅安"高颐碑"；还有的碑侧刻有花纹，比如东汉晚期的"乙瑛碑"。

三国两晋时期，人们一改东汉的厚葬之风，崇尚薄葬，禁碑之风盛行。当时，帝王规定：帝王陵墓之前不设石碑。门阀士族经过皇帝特许，方可在墓前树碑，如当时的名人王导、温峤、郗鉴、谢安等人均有石碑。

在我国历史书籍《全晋文》中，仅东晋著名文士孙绰书写的碑文就保存有七篇，它们是："丞相王导碑""太宰郗鉴碑""太尉庾亮碑""太傅褚褒碑""司空瘐冰碑""颍川府君碑"和"桓玄城碑"。但遗憾的是，这些墓碑无一遗存。

至南朝时期，虽有碑

石刻古籍

古代碑石

校官碑 全称"汉溧阳长潘乾校官碑"，简称"校官潘乾碑"隶书。额题"校官之碑"四个字，为江苏境内唯一完整存世的汉碑。碑为青石质，圭形，碑额有圆孔。被誉为"江南第一名碑"。

■ 庞统墓碑

赑屃 是龙之九子之一，又名霸下。貌似龟而好负重，有齿，力大可驮负三山五岳。其背也负以重物，在多为石碑、石柱之底台及墙头装饰，属灵禽祥兽。人们在庙院祠堂里，处处可以见到这位任劳任怨的大力士。据说触摸它能给人带来福气。

禁，但已成一纸空文。帝王陵墓神道石刻中，石碑与石柱、石兽均成对出现，成为一项固定的制度。

这时的石碑，由碑首、碑身和碑座三部分组成。

碑首呈圆形，碑身呈长方形，碑座为角趺形，又称龟趺坐。碑首顶部圆脊上，两侧各浮雕着相互交结成辫状的双龙；碑首正中有一长方形额，额内刻有与墓主有关的朝代、官衔、谥号之类的文字。

额下有圆形穿孔，穿孔为古制的孑遗，已无实用价值，仅起装饰作用；额四周线刻龙、凤、火焰、云气、莲花等纹饰。

碑身正反面均刻有文字，文字四周饰以卷草纹之类的纹饰；碑身侧面有的饰以浮雕图案及线刻画。碑座为一角趺，龟趺又名赑屃。

古人认为，龟是灵物，耐饥渴，有很长的寿命，所以用它驮碑。

不过，关于龟的名声，至宋代以后才逐渐不雅了。南朝陵墓石碑的碑座刻物，可以理解为龙子之

■ 东汉石刻墓碑

一。其形状似一只大乌龟，凸目昂首，一足前迈，作负重匍匐爬行的姿态。元代翰林传讲学士袁桷曾参与朝廷很多勋臣碑铭的撰作。

明清以后，人们在立碑石时，都喜欢将碑座改成似龟非龟样子的赑屃。

这一时期的石碑，碑首和碑身为一块整石雕琢而成，碑座是用另一块巨石雕琢而成，两者之间以神卯结构相连，浑然一体。

岱庙石碑

阅读链接

从五代以后，开始流传"一龙生九子，九子各不同"的说法，并且根据每个龙子不同性格、爱好等特点，把它们装饰在不同的器物上。

它们是：长子赑屃，因为它的长像鳌形龟貌，气力大，好负重。所以，它充当了人间石碑座子；二子鸱吻，喜欢眺望，装饰在屋檐上；三子蒲牢，它整天喜鸣爱吼，传说它的喊声可传千米以外。寺庙的和尚在铸钟时，把它铸在钟钮上，作为装饰品。四子狴犴，生来面貌威严，人人见了都害怕，人们便将它装饰在监狱门上；五子饕餮嘴馋身懒，爱吃爱喝，人们便把它装饰在食具上；六子蚣蝮，爱喜波弄水，装饰在桥栏杆上；七子睚眦，嗜杀成癖，装饰在兵器上；八子狻猊，它好烟火，闲暇无事，到处煽风点火，人们便将它装饰在香炉盖上；九子椒图，喜欢给人当警卫，后来人们就把它派用在大门上的龙头"门环"。

中华民族最古老的禹王碑

我国石碑文化起源于周代，兴起于汉代，成熟于南北朝，在这漫长的历史发展中，保存最古老的碑石为发现于衡山岣嵝峰的禹王碑。

禹王碑，又称岣嵝碑，位于岳麓山顶禹碑峰东，碑文记述和歌颂大禹治水的丰功伟绩。它是我国最古老的名刻，与黄帝陵、炎帝陵被文物保护界誉为中华民族的三大瑰宝。

禹王碑镌刻于石崖壁上，碑上有奇特的古篆文，宽1.4米，高1.84米，碑文九行，每行九字，凡77字，末有寸楷书"右帝禹制"。字体苍古难辨。有谓蝌蚪文，有谓鸟篆。系宋嘉定年间摹刻于此。亭侧有清欧阳正焕书"大观"石刻，为湖南省重点文物保护单位。

其实，此碑是宋代时人们从衡山拓来的复制品。真正的禹王碑唐代还在衡山，韩愈、刘禹锡赋诗歌咏，曾被称为南岳衡山的"镇山之宝"。它还有可能是道家的一种符箓，也有说是道士们伪造的。

关于禹王碑的记载，最早见于唐代韩愈、刘禹锡诗作，但两人并未实地考察过。亲见亲摹其碑文的，是南宋时的何致。1212年，何致在南岳游玩，遇到樵夫将他引到藏碑处，始摹碑文。何致过长沙时，刻碑于岳麓山峰。

■ 禹王碑禹帝铭文

1533年，潘镒剔土得碑，遂摹拓流传于世。明代学者杨慎、沈镒等都有释文。碑文主要记述大禹治水之功绩。西安碑林、绍兴禹陵、云南法华山、武昌黄鹤楼等处，均以此碑为蓝本翻刻。

相传，舜继位后，用禹治水，禹顽强不屈，一方面与老百姓一起凿山挑土，一方面找治水良法。

一天，他治水来到衡山，舜说黄帝把一部以金简为页、青玉为字的治水宝书藏在衡山上，但具体在什么地方却无人知道。大禹治水心切，就杀了一匹白马祷告天地，接着，他便睡在山峰上几天不起。

直至第七天晚上，他梦见一位长胡子仙人，自称苍水使者，授予他金简玉书藏地密图。醒来后他按照密图寻找，果然找到了这部书。他抱着宝书日夜细心

岣嵝峰 位于湖南省衡阳市北部40千米衡阳县岣嵝乡境内。1995年升级为国家森林公园。公园由岣嵝峰、螺祖峰、白石峰、酒海岭、大小海岭等山体构成，总面积2067公顷。公园属中亚热带典型常绿阔叶林北部植被亚地带，拥有独特的亚热带山区气候和优美的森林景观，融自然景观与人文景观于一体。

研读，求得开渠排水、疏通河道的办法。

大禹领先民，斩恶龙、斗洪水，终于将洪水治好。先民欢欣鼓舞，感激万分，纷纷要求在南岳岣嵝峰顶上，立碑为大禹记功。大禹十分谦虚，不肯答应，但南岳先民执意要立，否则就不放他回北方。

大禹只得答应，却提出了条件：碑文要刻得奇古，如天文一般，百姓不能相识。于是，南岳先民派来最好的石匠，将大禹提供的77个字样，全部镌刻在南岳岣嵝峰山顶的石壁上。

过了几百年之后，有天早晨，一位云游四海的老道士路经南岳岣嵝峰头，他在石壁下好奇地停下脚步，面对着碑文，一个字一个字地考证辨认起来。从早晨直至傍晚，认出了76个字。

老道士兴奋不已，正要考证辨认最后一个字，忽然他感到脚下冰凉，好像被水浸了一般。低头一看，只见自己正站在水中；再回身一望，洪水就要将他淹没。他吓得面无人色，一下把所有考证辨认的碑文全忘记了。此时，就见那洪水也随着他的忘记，一下子全退了。

老道士望着退去的洪水，想着刚才的景象，他想，这一定是天

绍兴大禹陵石碑

书，百姓不得相认。于是，下山通告全城：禹王碑文是天书，百姓不得相认，否则洪水淹天！

当然，传说毕竟是传说，它并没有动摇文人学士考释碑文的信心，多少人为其花费了毕生的心血。

原碑石于1212年最先发现于衡山岣嵝峰，后来才摹刻于岳麓山头，故又称岣嵝碑。明代杨慎、沈镒、杨时桥、郎瑛，清代杜壹，当代长沙童文杰、杭州曹锦炎、株洲刘志一等人先后作"岣嵝碑释文"。

禹王碑石刻文字

但是，许多考释者都没有突破"大禹治水"的故事原型，而一些学者则认为"禹碑"并非禹碑。如曹锦炎认为岣嵝碑是战国时代越国太子朱句代表他的父亲越王不寿上南岳祭山的颂词。而刘志一则认为岣嵝碑为公元前楚庄王三年所立，内容是歌颂楚庄王灭庸国的历史过程与功勋。因此，这块千古奇碑至今说法不一。

阅读链接

随着近代考古学的发展，现代人对禹王碑的碑文有着不同理解。

其中，刘志一先生认为碑文为夏代官方文字，早于商周金文。这种文字到战国末期逐渐消亡。秦汉文字改革后，绝大多数文人无法识读了。加上碑文用南楚方言，又多通假，更难辨认。刘志一花费十年心血破译此碑文，其译意与《左传》所载楚庄王灭庸的过程大同小异。

我国历史上著名的四大碑林

　　"碑林"由于石碑丛立如林，蔚为壮观而得名，它是将众多矗立的石碑集中在某一园落里，供人们观瞻欣赏、研习借鉴的场所。它们不仅是我国古代文化典籍石刻的集中点之一，也是历代名家书法艺术

西安碑林博物院

■ 西安碑林曹全碑

荟萃之地。

在我国，最为著名的碑林一共有四座，它们是陕西省西安碑林、山东省曲阜孔庙碑林、台湾高雄南门碑林和四川省西昌地震碑林。

西安碑林位于西安市南城墙的魁星楼下，因碑石丛立如林而得名。这是收藏我国古代碑石时间最早名碑最多的艺术宝库。它始建于1087年，原为保存唐开元年间镌刻的《十三经》、《石台孝经》而建，后经历代收集，规模逐渐扩大，清代开始称其为"碑林"。

整座碑林里面陈列着从汉至清的各代碑石、墓志共计1000多通。而且藏品时代系列完整，时间跨度达2000多年。

这些碑石书体，篆、隶、楷、行、草各体具备，名家荟萃，精品林立，无论从书法艺术角度，还是从考古学、历史学的角度考量，都具有极高的学术价值

魁星楼 位于西安南门城楼东667米处，这是一座祭祀主管文运之神的庙宇式建筑，该楼初建于1619年，后遭兵火所毁，清代虽有重修，但明清建筑终未保留下来。现存的建筑为1982年西安整修城墙时重建。

■ 西安碑林石碑

三老 是我国古代掌教化的乡官，是县的下一级官员，他的主要工作是向乡里的农民收税。担任三老的人必须是具备正直、刚克、柔克三种德行的长者。三老的权利、任务类似族长之类，只是族长的对象是一个宗族，而三老往往是地域性质。

和深厚的文化内涵。

代表作有东汉的"曹全碑"、魏晋南北朝时期的"司马芳残碑"等；儒家典籍刻石代表有唐朝的"石台孝经""开成石经"等；见证我国古代宗教文化交流的碑刻有唐朝的"大秦景教流行中国碑""大唐三藏圣教序"等。

东汉"曹全碑"全称"郃阳令曹全碑"，刻于东汉中平二年十月二十一日。明朝万历初年，在陕西郃阳旧城莘村发掘出土，石碑的篆额遗失不存。

它是我国汉代石碑中保存比较完整、字体比较清晰的少数作品之一。这通碑是东晋文人王敞、王敏、王毕等人为纪念历史人物曹全的功绩而立的。碑文主要记载了东汉末年的历史事件，为研究东汉末年历史提供了重要的资料。

这通碑呈竖方形，高2.73米，宽0.95米，共20

行，每行45字。书体为隶书，文字清晰，结构舒展，字体秀美灵动，书法工整精细，充分展现了汉代隶书的成熟与风格。碑上还阴刻有立碑题名者的名字，有处士、县三老、乡三老、门下祭酒、门下议掾、督邮、将军令史等人。

这通碑的石材通身漆黑，如涂油脂，光可照人。碑石精细，碑身完整，是汉碑、汉代隶书中的精品，也是目前我国汉代石碑中少数保存比较完整、字体比较清晰的作品之一。

"司马芳残碑"出土于1952年，出土时只有碑石上半，而且已裂为三块。残长1.06米，宽0.98米。

篆额"汉故司隶校尉京兆尹司马君之碑颂"4行，15字尚清晰。碑阳16行，中间两行损泐，存142字。碑阴上部14行刻属吏名单，下部18行残不成文，可识者41字。

此碑文为楷书，其体势和用笔具备了北魏早期铭刻体的基本特点。

"石台孝经"碑刻于745年，是唐玄宗李隆基亲自作序、注解并以隶书书写的。

石台孝经的前面一部分是唐玄宗李隆基为孝经所作的序。唐玄宗皇帝为孝经写序的目的是表示自己要以"孝"来治理天下。后面是孝经的原文，小字是唐玄宗为孝经作

151

■ 西安碑林"司马芳"残碑

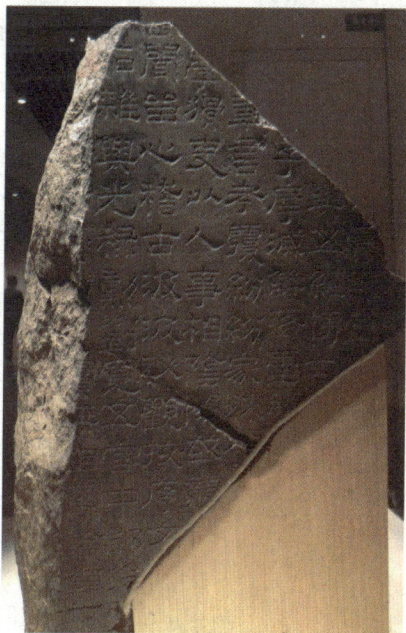

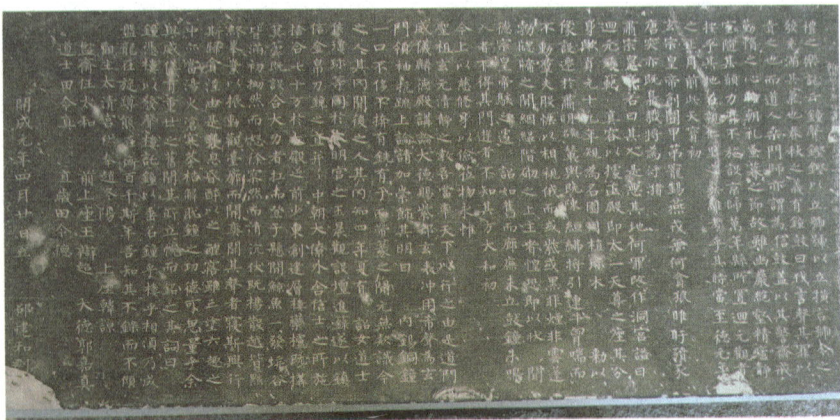

的注释。

碑石长方形，上加方额，方额左右各浮雕瑞兽，上下刻涌云，上承盖石。碑下面有方形台阶石三层，因称"石台孝经"。

"开成石经"刻成于837年，故称"开成石经"或"唐石经"，因树立雍地，故又称"雍石经"。

此碑碑文是楷书。此碑文字迹清晰，笔画精致，便于抄写读诵，对于当时传播儒家学说起了积极的作用。

"开成石经"计有《周易》等12种经书，共刻114通碑石，每石两面刻。每通经石高约1.8米，面宽0.8米。下面设方座，中间插经碑，上面置碑额，通高3米。

"大秦景教流行中国碑"是一通记述景教在唐代流传情况的石碑。此碑身高1.97米，下有龟座，全高2.79米，碑身上宽0.92米，下宽1.02米，正面刻着"大秦景教流行中国碑并颂"，上面有楷书32行，行书62字，共计1780个汉字和数十个叙利亚文。

于阗 是古代西域王国，我国唐代安西四镇之一。古代居民属于操印欧语系的塞族人。11世纪，人种和语言逐渐回鹘化。于阗地处塔里木盆地南沿，东通且末、鄯善，西通莎车、疏勒，盛时领地包括今和田、皮山、墨玉、洛浦、策勒、于田、民丰等县市。

这通石碑上说的是，唐太宗贞观年间，有一个从古波斯来的传教士叫阿罗本，历尽艰辛，跋涉进入我国，沿着于阗等西域古国，经河西走廊来到京师长安。随后，他拜谒了唐天子太宗，要求在我国传播波斯教。

此后，唐太宗降旨准许他们传教，于是景教开始在长安等地传播起来，也有景教经典《尊经》翻成中文的记载。

碑文还引用了大量儒道佛经典和我国史书中的典故来阐述景教教义，讲述人类的堕落、弥赛亚的降生、救世主的事迹等。碑文虽系波斯传教士撰写，但他的中文功底极其深厚。

除了这些碑石，在西安碑林中，书法精品代表的还有唐朝书法大家颜真卿的"颜勤礼碑"、唐朝书家欧阳通的"道因法师碑"等。

此外，碑刻还有唐朝的"昭陵六骏""骊山老君像"等。这些不同门类的代表作品，共同组成了西安碑林辉煌灿烂的碑石文化。

景教 即唐朝时期传入我国的基督教聂斯脱里派，也就是东方亚述教会，起源于今日叙利亚，被视为最早进入我国的基督教派，成为汉学研究的一个活跃领域。唐朝时曾在长安兴盛一时，并在全国建有"十字寺"，但多由非汉族民众所信奉。在唐代，景教的寺院不仅建于长安，地方府州也有。

■ 曲阜孔林碑林石刻

古建古风

中国古典建筑与标志

孔庙碑林

光福寺 又称泸山光福寺，位于四川省凉山州西昌市泸山腰间，是泸山的第一古刹。原名"大佛寺"，也是主庙。距今约1100年，总建筑面积约20000平方米。整个建筑群落依山势分七级建造，由天王殿、望海楼、观音殿、大雄殿、蒙段祠、三圣殿组成。

曲阜孔庙碑林位于山东省曲阜孔庙内，集各代碑石2000多块。

庙内碑刻真草隶篆，各家书法具备，巨者逾丈，小者不盈尺，有唐、宋、金、元、明、清代所立石碑53座，碑文多是祭孔、修庙的记录，除汉字外，还有满文和八思巴文，是我国大型碑林之一。

其中，著名的汉代碑刻有公元前56年刻石史晨碑、乙瑛碑、孔庙碑、礼器碑、孔谦碑、孔君墓碑、孔彪碑、孔褒碑、谒孔庙残碑等17通，汉碑集中存数居全国首位。

魏晋南北朝碑刻有黄初碑、贾使君碑、张猛龙碑、李仲璇碑、夫子庙碑等。孔子故宅西侧的四角黄瓦方亭中立有乾隆御书的"故宅井赞碑"，也为艺术珍品。

此外，陈列室内还嵌有玉虹楼法帖石刻584通，其他各处有各代各种碑刻1200通以上。

台湾高雄南门碑林是1791年修成的。高雄最初是一座小城，共有城门八座，城门增建外廓，安炮六座，成座高达两米多。

南门碑林又名大碑林，位于大南门城右侧。碑亭内陈列了61座清代遗留至今的碑碣，数量相当庞大。这61通古碑的历史来源，大致上可分为纪功、修筑、建筑图、捐题、墓道、示告等六类，若细细阅读其含义，还可得知许多当时社会概况，十分有趣。

西昌地震碑林位于西昌市南泸山光福寺内，共有石碑100余通。石碑上记有西昌、冕宁、甘洛、宁南等历史上发生几次大地震的情况，详细记载了1536年、1732年、1850年西昌地区三次大地震发生的时间、前震、主震、余震、受震范围及人畜伤亡、建筑破坏的情况。

西昌地处安宁河、则木斯河断裂带，是我国西南部震区之一，历史上发生过多次强烈地震，碑林为我们研究强震是否在同一地点重复、发震周期、内在规律等提供了实物资料，不仅可与历史文献相对照，并可补其不足，实为罕见。

阅读链接

在我国，除了上面著名的四大碑林之外，还有一些著名的碑林，如龙门石窟碑林、涪陵碑林、浯溪碑林、焦山碑林和药王山碑林等。

其中，龙门石窟碑林与西安碑林、曲阜孔庙碑林并称为我国的三大碑刻艺术中心。

龙门石窟中的历代造像题记多达3600余品，其中以"龙门二十品"最负盛名，是学书法者寻访的对象。龙门石窟中的很多佛像都刻有"造像记"，造像记的书法绝妙，特别是北魏书法遒劲有力，颇多变化。清中叶以后，有人在北魏造像记中选取"始平公""杨大眼""魏灵藏""孙秋公"等20种，拓本传布，这就是有名的"龙门二十品"。

中华著名的十大"三绝碑"

我国的碑石中，有一种碑文的文章、书法和雕刻技巧都很精绝的石碑，人们称它们为"三绝碑"，这种碑石，大致可分为三种情况：

一是大多数为碑文、书法、刻工精妙绝伦，又能汇于一碑者；其二为文章、书法及文章所述之人的德政功绩杰出者又能汇于一体的；其三为文章、书法及镌刻之石奇特。

但是，不管哪种情况都离不开文章、书法的精绝为

武侯祠三绝碑碑亭

其基础，才能称得上是"三绝碑"。

在我国，著名的"三绝碑"有：湖南省郴州市苏仙岭"三绝碑"、四川省成都的"蜀丞相诸葛武侯祠堂碑"、湖南省永州柳子庙的"苏轼荔子碑"、山东省"潍坊新修城隍庙碑"、福建省泉州的"万安桥记大字碑"、河南省临颍的"上尊号与受禅碑"、湖南省祁阳的"浯溪摩崖石刻"、开善寺的"宝志公象赞诗碑"、陕西省高陵的"李晟墓碑"和河南省郑州的"苏轼书欧阳修醉翁亭记石碑"。

■ 三绝碑 柳公绰书

石刻古籍

古代碑石

其中，苏仙岭"三绝碑"位居十大著名"三绝碑"之首。这通石碑在苏仙岭公园的白鹿洞石壁上，上面刻有北宋词人秦观的一首词。

据说，当年秦观被削职到郴州后，于1097年作了《踏莎行·郴州旅舍》一词：

苏仙岭 是湖南省人民政府首批公布省级风景名胜区之一。主峰海拔526米，自古享有"天下第十八福地""湘南胜地"的美称。苏仙岭因苏仙神奇、美丽的传说而驰名海内外，岭上有白鹿洞、升仙石、望母松等"仙"迹，自然山水风光久负盛名。《踏莎行·郴州旅舍》被转刻在苏仙岭的岩壁上，史称"三绝碑"。

雾失楼台，月迷津渡，桃源望断无寻处。可堪孤馆闭春寒，杜鹃声里斜阳暮。驿寄梅花，鱼传尺素，砌成此恨无重数。郴江幸自绕郴山，为谁流下潇湘去。

多愁善感的诗人在词中倾吐了他被削职后的凄苦失望的心情。后来，他将词寄给了苏东坡，苏东坡非

古建古风

中国古典建筑与标志

常喜欢,爱不释手。在秦观死后,苏东坡出于敬佩,在其词后写下了"少游已矣!虽万人何赎?"的跋语而流传开来。

后来,宋代"四大书法家"之一的米芾又把秦观的词和苏东坡的跋书写在扇面上,流传到郴州。

郴州人为了纪念秦观,就把"秦词、苏跋、米书"刻在碑上,史称"三绝碑"。又过了100多年,南宋郴州知军邹恭命石匠,将其摹刻在苏仙岭白鹿洞附近的大石壁上,这就是后来白鹿洞上的"三绝碑"。

白鹿洞是一个天然的悬崖石壁。此碑高0.52米,宽0.46米,11行,每行8字,行书,碑文艺术手法极高,感染力也很强,可谓郴州一绝。

■ 武侯祠"三绝碑"碑文

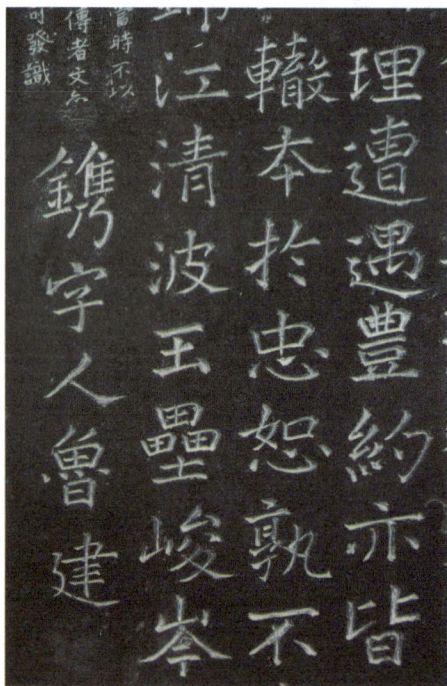

成都的"蜀丞相诸葛武侯祠堂碑"立于武侯祠大门内右侧,是成都最古老的碑刻之一。说到在后世的名声和影响,此碑在成都则首屈一指。

此碑本名为"汉丞相诸葛武侯祠堂碑",立于809年。碑身及碑帽通高3.67米,宽0.95米,厚0.25米,下有碑座。碑帽的云纹雕饰,具有唐代石刻艺术特点。其石质为峡石。碑文共22行,每行约50字,楷书。

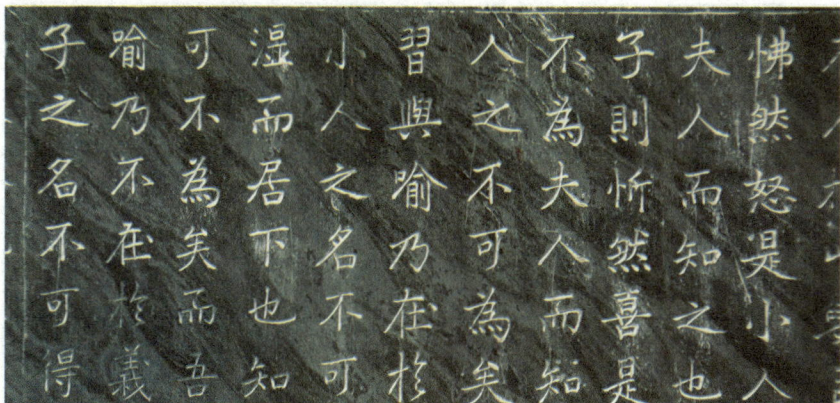

■ 白鹿洞书院碑刻

　　碑文作者裴度，是唐代中后期有名的政治家。807年，唐王朝派相国武元衡出任剑南四川节度使，裴度作为幕僚随行。裴度久欲撰文颂扬诸葛亮，到成都游武侯祠后，便怀着景仰之情写了碑文。

　　碑文内容分序文和铭文。序文开篇处，裴度称颂诸葛亮兼具开国之才、治人之术、事君之节和立身之道，是千古罕有的封建政治家。

　　后来，著名书法家柳公绰亲自写下柳体笔韵的碑文，名匠鲁建亲自完成了石碑的刻写，为此，此碑便因文章、书法、镌刻都极精湛，而世称"三绝碑"。

　　湖南永州柳子庙的"苏轼荔子碑"在零陵县永州镇的柳子庙内。"苏轼荔子碑"共有四通，每通高2.4米，宽1.32米，厚0.21米，长方形，平额无座。原碑为唐朝韩愈撰文，宋苏轼书写的"罗池庙享神诗碑"，与河东柳宗元之德政，世称为"三绝碑"。

　　因其诗开头有"荔子丹兮蕉黄"之句，因之又称为"荔子碑"。原碑宋代刻于广西柳州罗池庙，明代刘克勤摹刻于零陵永州镇愚溪庙，现存于柳子庙内之

159

石刻古籍

古代碑石

知军 我国宋代官名。"军"是宋代县以上的一个行政区域。军的长官一般由朝廷派员，称"权知军州事"，简称"知军"。知军实际是宋朝时以朝臣身份任知州，并掌管当地军队。宋代作为地方行政单位的军，其长官称知军，也有称军使。

摩崖石刻

碑为清顺治年间永州知府魏绍芳所重刻。

"潍坊新修城隍庙碑"位于山东潍坊，此碑碑文为1752年潍县知事郑板桥撰并书，碑文思想性很强，有朴素的唯物主义精神，堪称一绝；其书法为板桥极为少见的正书杰作，称一绝；丹书石上，由其高足弟子司徒文膏镌刻，不失笔意，与真迹不差毫厘，又称一绝，所以世称"三绝碑"。

泉州的"万安桥记大字碑"在福建省泉州市洛阳桥南的蔡襄祠内。蔡襄，是宋代著名四大书法家之一，字君谟，仙游人。官至端明殿大学士，两度出知泉州，建洛阳桥，卒谥"忠惠"。祠历代均曾修建，现存系清代重建，面三间，深三进。

蔡襄一生除为后人留下了许多优秀书法作品外，最大的贡献莫过于主持建造我国第一座海港大石桥洛阳桥，同时，他还为桥亲自撰写了"万安桥记大字石碑"碑文。

其文章精练，仅用153个字记载造桥的时间、年代、桥的长宽、花费银两、参与的人数等，书法遒美，刻工精致，为洛阳桥增辉添彩。碑刻书法遒劲，刻工精致，世称"三绝碑"。

临颍的"上尊号与受禅碑"在河南省临颍县繁城。此碑刻于220年。碑石上的碑文为八分隶书，高体方正。碑文记载了144年农历十月，魏公卿将军劝进及汉献帝禅位于魏王的历史事件。此碑传为王朗文、梁鹄书、钟繇镌字，世称"三绝碑"。

祁阳的"浯溪摩崖石刻"在湖南省永州市祁阳县城西约2000米的湘水之滨。浯溪摩崖石刻是我国南方摩崖第一家，其诗文书法，具有丰富的文化内涵。

此地苍崖石壁，巍然突兀，连绵78米，最高处拨地30余米，为摩崖文字天然好刻处。

1200多年前，唐朝著名的文学家元结卸任道州刺史之职回乡，途经此地，见这里山水秀丽，遂居家于此，并将一条无名的小溪命名为"浯溪"，意在"旌吾独有"，撰《浯溪铭》，浯溪得名从此开始。

元结又将"浯溪东北廿余丈"的"怪石"命名

端明殿大学士
我国古代官名。926年起开始设置，以翰林学士担任，掌进读书奏。宋沿置，由久任学士大臣担任，元丰改制后，并以执政官担任，无职掌，仅出入侍从备顾问。

■ 岳庙碑文

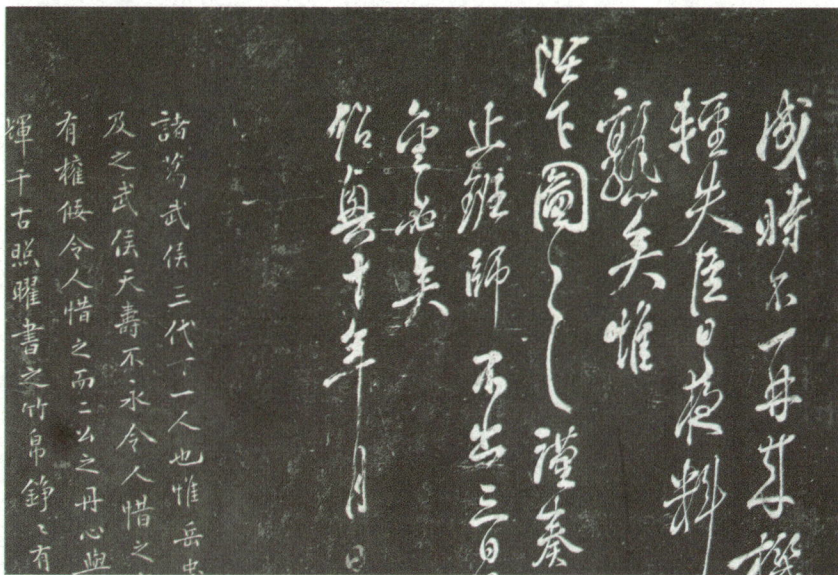

刺史 是我国古代的职官，汉初，汉文帝以御史多失职，命丞相另派人员出刺各地，不常置。公元前106起开始设置，"刺"指检核问事之意。刺史巡行郡县，分全国为十三部，各置部刺史一人，后通称刺史。刺史制度在西汉中后期得到进一步发展，对维护皇权起着积极的作用。

"峿台"，撰《峿台铭》。还在溪口"高六十余尺"的异石"上筑一亭堂，命名"广吾亭"，撰《浯庼铭》。

后来，元结将"三铭"交给篆书家季康、瞿令问、袁滋分别用玉箸篆、悬针篆、钟鼎篆书写，并刻于浯溪崖壁上，此便是后人所称"浯溪三铭"，也称"老三铭"。这三通碑都有很高的艺术价值。

另外，元结还将自己在761年所撰的《大唐中兴颂》一文，请颜真卿手楷书书写，于771年摹刻于浯溪靠近湘江的一块天然绝壁上，因文奇、字奇、岩绝，世称"浯溪三绝"。

"大唐中兴颂碑"原高3米，宽3.2米，为浯溪碑林中最大的一通碑刻。碑文记述了安史之乱、玄宗逃蜀、肃宗即位、克长安、洛阳等史实，是世界罕见的保存比较完好的著名摩崖碑刻。

据说，这是颜真卿生平的得意之作，后人称赞他

■ 颜真卿书法碑文

的《大唐中兴颂》为"颜体笔翰高峰""楷书典则"。

开善寺的"宝志公象赞诗碑"在南京灵谷寺无梁殿西的松涛深处。

碑上的"宝志像"是唐朝画圣吴道子所绘，大诗人李白作赞，著名书法家颜真卿写字。因文字、书法、镌刻均为名家之作，精湛至极，冠绝碑林。

陕西高陵的"李晟墓碑"，全称"唐故太尉兼中书令西平郡王赠太师李公神道碑"，在陕西省高陵县白象村渭水桥北。

该碑是829年，为纪念西平郡王李晟而立。碑文主要记述了李晟的生平传略及为大唐所立战功业绩。

碑身通高4.35米，宽1.48米，厚0.46米。蟠首龟座。碑文为名相裴度所撰，裴文庄重严谨。碑文为柳公权书丹，柳书端丽、秀润。并由名匠刻字，世称"三绝碑"。

碑阴有明弘治年间第二十五世孙参政芜湖李赞所作祭文和正德年间教谕李应奎及副使曹琏的题词。

据说，此碑最初立于李晟的墓前，后因渭河不断向北侵崩，使奉政原原体不断倒崩，原墓葬被水毁掉。至明代时，人们便将此碑迁移到现渭河大桥北端偏东处的渭桥村。

■ 灵谷寺石碑

摩崖碑刻 指文字石刻，即利用天然的石壁刻文记事。它是我国古代的一种石刻艺术，指在山崖石壁上所刻的书法、造像或者岩画。它起源于远古时代的一种记事方式，盛行于北朝时期，直至隋唐以及宋元以后连绵不断。摩崖石刻有着丰富的历史内涵和史料价值。

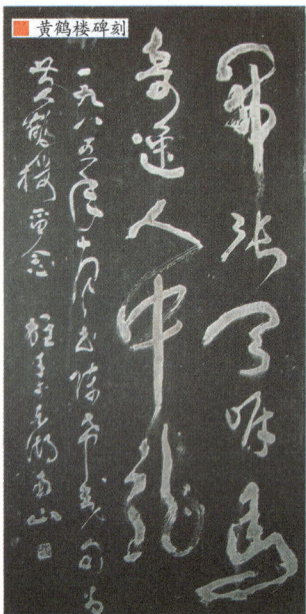
黄鹤楼碑刻

郑州的"苏轼书欧阳修醉翁亭记石碑"在河南省郑州市博物馆内。

1091年，苏轼在颍州当知府时，应开封诗人刘季孙之请，以真行草兼用字体写成《醉翁亭记》长卷，卷末有赵孟頫、宋广，沈周、吴宽、高拱等人的跋尾赞叙。

后来，在1571年时，人们把苏轼的《醉翁亭记》刻成石碑，立于河南鄢陵县刘氏家祠内。

1692年，明代大臣高拱的侄曾孙高有闻因原刻磨损不清，出其家藏拓本重新刻石，立于新郑县的高氏祠堂。刻石手技十分精巧，较之原作有过之而无不及。

碑共18通，每通长0.6米，宽0.4米，为宋朝文学家欧阳修撰文、苏轼书写，刻石极为精巧，称之为"三绝碑"当之无愧。后来，政府为了保护此碑，将它移置于郑州市博物馆建立的长廊内，方便保存。

阅读链接

公元220年10月，魏王曹丕在繁阳，也就是河南省许昌市西南17公里的繁城镇，受禅台举行大典，接受汉献帝的禅让，代汉立魏。从此结束了刘汉王朝400年的历史，开始了我国历史上的魏、蜀、吴三国时代。

详细记述这一历史事实的是立在繁城镇汉献帝庙内的两块碑文：《受禅表》和《公卿将军上尊号奏》。这两通碑就是名传遐迩的书法瑰宝——汉魏繁城"三绝碑"。

两碑均于公元220年刻立。《公卿将军上尊号奏》碑高3.32米，宽1.02米，厚0.32米，额题篆书阳文"公卿将军上尊号奏"。《受禅表》碑，高3.22米，宽1.02米，厚0.28米。

古建古风

中国古典建筑与标志

中华精神家园书系

建筑古蕴

壮丽皇宫：三大故宫的建筑壮景
宫殿怀古：古风犹存的历代华宫
古都遗韵：古都的厚重历史遗韵
千古都城：三大古都的千古传奇
王府胜景：北京著名王府的景致
府衙古影：古代府衙的历史遗风
古城底蕴：十大古城的历史风貌
古镇奇葩：物宝天华的古镇奇观
古村佳境：人杰地灵的千年古村
经典民居：精华浓缩的最美民居

古建风雅

皇家御苑：非凡胜景的皇家园林
非凡胜景：北京著名的皇家园林
园林精粹：苏州园林特色与名园
秀美园林：江南园林特色与名园
园林千姿：岭南园林特色与名园
雄丽之园：北方园林特色与名园
亭台情趣：迷人的典型精品古建
楼阁雅韵：神圣典雅的古建象征
三大名楼：文人雅士的汇聚之所
古建古风：中国古典建筑与标志

古建之魂

千年名刹：享誉中外的佛教寺院
天下四绝：佛教的海内四大名刹
皇家寺院：御赐美名的著名古刹
寺院奇观：独特文化底蕴的名刹
京城宝刹：北京内外八刹与三山
道观杰作：道教的十大著名宫观
古塔瑰宝：无上玄机的魅力古塔
宝塔珍品：巧夺天工的非常古塔
千古祭庙：历代帝王庙与名臣庙

文化遗迹

远古人类：中国最早猿人及遗址
原始文化：新石器时代文化遗址
王朝遗韵：历代都城与王城遗址
考古遗珍：中国的十大考古发现
陵墓遗存：古代陵墓与出土文物
石窟奇观：著名石窟与不朽艺术
石刻神工：古代石刻与文化艺术
岩画古韵：古代岩画与艺术特色
家居古风：古代建材与家居艺术
古道依稀：古代商贸通道与交通

古建涵蕴

天下祭坛：北京祭坛的绝妙密码
祭祀庙宇：香火旺盛的各地神庙
绵延祠庙：传奇神人的祭祀圣殿
至圣尊崇：文化浓厚的孔孟祭地
人间天宫：非凡造诣的妈祖庙宇
祠庙典范：最具人文特色的祭祠
绝代王陵：气势恢宏的帝王陵园
王陵雄风：空前绝后的地下城堡
大宅揽胜：宏大气派的大户宅第
古街韵味：古色古香的千年古街

物宝天华

青铜时代：青铜文化与艺术特色
玉石之国：玉器文化与艺术特色
陶器寻古：陶器文化与艺术特色
瓷器故乡：瓷器文化与艺术特色
金银生辉：金银文化与艺术特色
珐琅精工：珐琅器与文化之特色
琉璃古风：琉璃器与文化之特色
天然大漆：漆器文化与艺术特色
天然珍宝：珍珠宝石与艺术特色
天下奇石：赏石文化与艺术特色

古迹奇观
玉宇琼楼：分布全国的古建筑群
城楼古景：雄伟壮丽的古代城楼
历史开关：千年古城墙与古城门
长城纵览：古代浩大的防御工程
长城关隘：万里长城的著名关卡
雄关漫道：北方的著名古代关隘
千古要塞：南方的著名古代关隘
桥的国度：穿越古今的著名桥梁
古桥天姿：千姿百态的古桥艺术
水利古貌：古代水利工程与遗迹

山水灵性
母亲之河：黄河文明与历史渊源
中华巨龙：长江文明与历史渊源
江河之美：著名江河的文化源流
水韵雅趣：湖泊泉瀑与历史文化
东岳西岳：泰山华山与历史文化
五岳名山：恒山衡山嵩山的文化
三山美名：三山美景与历史文化
佛教名山：佛教名山的文化流芳
道教名山：道教名山的文化流芳
天下奇山：名山奇迹与文化内涵

自然遗产
天地厚礼：中国的世界自然遗产
地理恩赐：地质蕴含之美与价值
绝美景色：国家综合自然风景区
地质奇观：国家自然地质风景区
无限美景：国家自然山水风景区
自然名胜：国家名胜风景区
天然生态：国家综合自然保护区
动物乐园：国家动物自然保护区
植物王国：国家保护的野生植物
森林景观：国家森林公园大博览

西部沃土
古朴秦川：三秦文化特色与形态
龙兴之地：汉水文化特色与形态
塞外江南：陇右文化特色与形态
人类敦煌：敦煌文化特色与形态
巴山风情：巴渝文化特色与形态
天府之国：蜀文化的特色与形态
黔风贵韵：黔贵文化特色与形态
七彩云南：滇云文化特色与形态
八桂山水：八桂文化特色与形态
草原牧歌：草原文化特色与形态

东部风情
燕赵悲歌：燕赵文化特色与形态
齐鲁儒风：齐鲁文化特色与形态
吴越人家：吴越文化特色与形态
两淮之风：两淮文化特色与形态
八闽魅力：福建文化特色与形态
客家风采：客家文化特色与形态
岭南灵秀：岭南文化特色与形态
潮汕之根：潮州文化特色与形态
滨海风光：琼州文化特色与形态
宝岛台湾：台湾文化特色与形态

中部之魂
三晋大地：三晋文化特色与形态
华夏之中：中原文化特色与形态
陈楚风韵：陈楚文化特色与形态
地方显学：徽州文化特色与形态
形胜之区：江西文化特色与形态
淳朴湖湘：湖湘文化特色与形态
神秘湘西：湘西文化特色与形态
瑰丽楚地：荆楚文化特色与形态
秦淮画卷：秦淮文化特色与形态
冰雪关东：关东文化特色与形态

节庆习俗
普天同庆：春节习俗与文化内涵
张灯结彩：元宵习俗与彩灯文化
寄托哀思：清明祭祀与寒食习俗
粽情端午：端午节与赛龙舟习俗
浪漫佳期：七夕节俗与妇女乞巧
花好月圆：中秋节俗与赏月之风
九九踏秋：重阳节俗与登高赏菊
千秋佳节：传统节日与文化内涵
民族盛典：少数民族节日与内涵
百姓聚欢：庙会活动与赶集习俗

民风根源
血缘脉系：家族家谱与家庭文化
万姓之根：姓氏与名字号及称谓
生之由来：生庚生肖与寿诞礼俗
婚事礼俗：嫁娶礼俗与结婚喜庆
人生遵俗：人生处世与礼俗文化
幸福美满：福禄寿喜与五福临门
礼仪之邦：古代礼制与礼仪文化
祭祀庆典：传统祭典与祭祀礼俗
山水相依：依山傍水的居住文化

衣食天下
衣冠楚楚：服装艺术与文化内涵
凤冠霞帔：佩饰艺术与文化内涵
丝绸锦缎：古代纺织精品与布艺
绣美中华：刺绣文化与四大名绣
以食为天：饮食历史与筷子文化
美食中国：八大菜系与文化内涵
中国酒道：酒历史酒文化的特色
酒香千年：酿酒遗址与传统名酒
茶道风雅：茶历史茶文化的特色

国风美术
丹青史话：绘画历史演变与内涵
国画风采：绘画方法体系与类别
独特画派：著名绘画流派与特色
国画瑰宝：传世名画的绝色魅力
国风长卷：传世名画的大美风采
艺术之根：民间剪纸与民间年画
影视鼻祖：民间皮影戏与木偶戏
国粹书法：书法历史与艺术内涵
翰墨飘香：著名书法名作与艺术
行书天下：著名行书精品与艺术

汉语之魂
汉语源流：汉字汉语与文章体类
文学经典：文学评论与作品选集
古老哲学：哲学流派与经典著作
史册汗青：历史典籍与文化内涵
统御之道：政论专著与文化内涵
兵家韬略：兵法谋略与文化内涵
文苑集成：古代文献与经典专著
经传宝典：古代经传与文化内涵
曲苑音坛：曲艺演唱项目与艺术
曲艺奇葩：曲艺伴奏项目与艺术

博大文学
神话魅力：神话传说与文化内涵
民间相传：民间传说与文化内涵
英雄赞歌：四大英雄史诗与内涵
灿烂散文：散文历史与艺术特色
诗的国度：诗的历史与艺术特色
词苑漫步：词的历史与艺术特色
散曲奇葩：散曲历史与艺术特色
小说源流：小说历史与艺术特色
小说经典：著名古典小说的魅力

歌舞共娱
古乐流芳：古代音乐历史与文化
钧天广乐：古代十大名曲与内涵
八音古乐：古代乐器与演奏艺术
鸾歌凤舞：古代大曲历史与艺术
妙舞长空：舞蹈历史与文化内涵
体育古项：体育运动与古老项目
民俗娱乐：民俗运动与古老项目
刀光剑影：器械武术种类与文化
快乐游艺：古老游艺与文化内涵
开心棋牌：棋牌文化与古老项目

戏苑杂谈
梨园春秋：中国戏曲历史与文化
古戏经典：四大古典悲剧与喜剧
关东曲苑：东北戏曲种类与艺术
京津大戏：北京与天津戏曲艺术
燕赵戏苑：河北戏曲种类与艺术
三秦戏苑：陕西戏曲种类与艺术
齐鲁戏台：山东戏曲种类与艺术
中原曲苑：河南戏曲种类与艺术
江淮戏话：安徽戏曲种类与艺术

梨园谱系
苏沪大戏：江苏上海戏曲与艺术
钱塘戏话：浙江戏曲种类与艺术
荆楚戏台：湖北戏曲种类与艺术
潇湘梨园：湖南戏曲种类与艺术
滇黔好戏：云南贵州戏曲与艺术
八桂梨园：广西戏曲种类与艺术
闽台戏苑：福建戏曲种类与艺术
粤琼戏话：广东戏曲种类与艺术
赣江好戏：江西戏曲种类与艺术

科技回眸
创始发明：四大发明与历史价值
科技首创：万物探索与发明发现
天文回望：天文历史与天文科技
万年历法：古代历法与岁时文化
地理探究：地学历史与地理科技
数学史鉴：数学历史与数学成就
物理源流：物理历史与物理科技
化学历程：化学历史与化学科技
农学春秋：农学历史与农业科技
生物寻古：生物历史与生物科技

千秋教化
教育之本：历代官学与民风教化
文武科举：科举历史与选拔制度
教化于民：太学文化与私塾文化
官学盛况：国子监与学宫的教育
朗朗书院：书院文化与教育特色
君子之学：琴棋书画与六艺课目
启蒙经典：家教蒙学与文化内涵
文房四宝：纸笔墨砚及文化内涵
刻印时代：古籍历史与文化内涵
金石之光：篆刻艺术与印章碑石

传统美德
君子之为：修身齐家治国平天下
刚健有为：自强不息与勇毅力行
仁爱孝悌：传统美德的集中体现
谦和好礼：为人处世的美好情操
诚信知报：质朴道德的重要表现
精忠报国：民族精神的巨大力量
克己奉公：强烈使命感和责任感
见利思义：崇高人格的光辉写照
勤俭廉政：民族的共同价值取向
笃实宽厚：宽厚品德的生活体现

文化标记
龙凤图腾：龙凤崇拜与舞龙舞狮
吉祥如意：吉祥物品与文化内涵
花中四君：梅兰竹菊与文化内涵
草木有情：草木美誉与文化象征
雕塑之韵：雕塑历史与艺术内涵
壁画遗韵：古代壁画与古墓丹青
雕刻精工：竹木骨牙角匏与工艺
百年老号：百年企业与文化传统
特色之乡：文化之乡与文化内涵

悠久历史
古往今来：历代更替与王朝千秋
天下一统：历代统一与行动韬略
太平盛世：历代盛世与开明之治
变法图强：历代变法与图强革新
古代外交：历代外交与文化交流
选贤任能：历代官制与选拔制度
法治天下：历代法制与公正严明
古代税赋：历代赋税与劳役制度
三农史志：历代农业与土地制度
古代户籍：历代区划与户籍制度

历史长河
兵器阵法：历代军事与兵器阵法
战事演义：历代战争与著名战役
货币历程：历代货币与钱币形式
金融形态：历代金融与货币流通
交通巡礼：历代交通与水陆运输
商贸纵观：历代商业与市场经济
印纺工业：历代纺织与印染工艺
古老行业：三百六十行由来发展
养殖史话：古代畜牧与古代渔业
种植细说：古代栽培与古代园艺

杰出人物
文韬武略：杰出帝王与励精图治
千古忠良：千古贤臣与爱国爱民
将帅传奇：将帅风云与文韬武略
思想宗师：先贤思想与智慧精华
科学鼻祖：科学精英与求索发现
发明巨匠：发明天工与创造英才
文坛泰斗：文学大家与传世经典
诗神巨星：天才诗人与妙笔华篇
画界巨擘：绘画名家与绝代精品
艺术大家：艺术大师与杰出之作

信仰之光
儒学根源：儒学历史与文化内涵
文化主体：天人合一的思想内涵
处世之道：传统儒家的修行法宝
上善若水：道教历史与道教文化

强健之源
中国功夫：中华武术历史与文化
南拳北腿：武术种类与文化内涵
少林传奇：少林功夫历史与文化